EL MILAGRO DE SER *próspero*

ALFONSO LEÕN

ARQUITECTO DE SUEÑOS

EL MILAGRO DE SER *próspero*

CONSTRUYE TU VIDA EN PLENITUD

alamah

El milagro de ser próspero
Construye tu vida en plenitud

Primera edición: agosto, 2019

Penguin Random House Grupo Editorial, S. A. de C. V.
Blvd. Miguel de Cervantes Saavedra núm. 301, 1er piso,
colonia Granada, delegación Miguel Hidalgo, C. P. 11520,
Ciudad de México

www.megustaleer.mx

ISBN: 978-607-317-651-4

Impreso en México – *Printed in Mexico*

El papel utilizado para la impresión de este libro ha sido fabricado a partir de madera procedente de bosques y plantaciones gestionadas con los más altos estándares ambientales, garantizando una explotación de los recursos sostenible con el medio ambiente y beneficiosa para las personas.

Penguin
Random House
Grupo Editorial

ÍNDICE

AGRADECIMIENTOS

Hoy agradezco con toda la fuerza de mi ser. Veo mis aprendizajes y lecciones. Siento mi evolución conectado con la Divinidad y sobre todo honro a los dos seres que me permitieron hacer posible el milagro más hermoso con la Divinidad y me dieron "la Vida". Gracias, mamá. Gracias, papá. Reconozco también a todos los que han pasado por mi camino, les doy las gracias porque han sido piezas claves en mi evolución. Los veo con amor para comprender mi código de vida en el presente y seguir proyectando con conciencia mi futuro.

Estamos aquí todos realizando este viaje para trascender, crecer, aprender, experimentar, abrirnos al regalo maravilloso que Dios nos dio; ese es nuestro milagro manifestado en este plano. Tu vida hoy es un paso corto pero grandioso, no pierdas esta gran oportunidad que es única. ¡Aprovéchala al máximo!

PRÓLOGO

ALFONSO LEÓN

ARQUITECTO DE SUEÑOS

Este libro te llevará en un viaje de amor y reconocimiento, una oportunidad para adentrarte en lo más profundo de tu alma y conectar con lo más maravilloso. A través de estas páginas reconocerás el gran milagro de tu creación y de todo lo que eres capaz de activar. Una de las más bellas lecciones que aquí te comparto es la más sencilla: "cree en ti y todo será posible, el que cree, crea". Te invito a que realices este viaje con el mayor compromiso. Es una oportunidad de acceder a aquellos espacios en tu interior que has dejado a un lado a lo largo de tu andar.

Cuando observas con amor, mueves lo que no es amor. Cuando te detienes a concientizar tus lugares más oscuros con una luz particular, descubres que sólo tú puedes proveerte de todo lo que requieres. Esa luz siempre ha estado ahí, esperando apacible que vayas a su encuentro. No hay camino construido que se pueda sugerir o señalar. Son las ganas y la pasión de cada ser que quiere despertar lo que hace posible crear las manifestaciones en su vida.

Muchos anhelamos entender el todo; otros queremos comprender el mágico tránsito de lo que ocurre en una vida que ya está manifestando lo más maravilloso que puede; es decir: ser ella misma. *¡La vida, única y perfecta!*

Si crees que la vida es algo diferente a la perfección es porque tu conciencia de riqueza, de amor, o de trabajo te lleva a creer esto. Ves fuera de ti lo que tu mente proyecta. No percibes la vida como es, sino como tú eres. Por eso es importante que trabajes tu conciencia de prosperidad. En cada párrafo, en cada línea y en cada letra de este libro encontrarás un camino a seguir para que explores y aprendas sobre esa consciencia en tu interior. Explorarás cómo te permites actuar ante la vida y tu manifestación de prosperidad, para que reflexiones, decidas y acciones. Lo que realices a partir de hoy desde el verdadero amor es lo que permitirá que surja el milagro de la prosperidad.

La información y los ejercicios que te ofrezco en el transcurso de esta lectura están pensados con el objetivo de darte luz. Te presento herramientas para mirar la procedencia de los problemas que abruman tu camino y retardan tu desarrollo. Estas herramientas sin duda se convertirán en recursos para comprender finalmente que la existencia está hecha de los mejores misterios y no de tantos obstáculos. Nosotros tenemos el poder de transformar cualquier energía, sólo requerimos reconocernos, aceptarnos y activar esa semilla que la Divinidad depositó en nuestra alma para crear la realidad que nos merecemos.

Llegó la hora de conectar con tu prosperidad.
Entrégate, abre estas páginas y déjate llevar...

ALFONSO LEÓN

INTRODUCCIÓN

TÚ ERES EL MILAGRO

> La sustancia espiritual de la que surge toda riqueza visible nunca se agota, está siempre contigo, responde a tu fe en ella y a tus peticiones.
>
> CHARLES FILLMORE

¡Estás vivo! Mientras la energía de la vida esté en ti, el milagro está sucediendo. Quiero que reflexiones sobre el significado de lo que comúnmente llamamos "milagro". Por lo general, se le llama así a aquel hecho que no puede explicarse a través de las leyes naturales y por eso se le atribuye a una intervención sobrenatural o divina. Normalmente trae o produce algo extraordinario y maravilloso, algo que se venía esperando o pidiendo con gran deseo. Pero la realidad es que tu misma existencia es un milagro, estar en este momento llevando a cabo tus actividades y construyendo la vida de tus sueños es un asunto divino, fantástico y maravilloso.

Una nueva vida es un milagro porque tiene el poder de cambiarnos y de hacer que la respuesta que creíamos haber encontrado no sea estática o permanente. Hace que seamos mejores personas y que nos preocupemos por el bienestar de otros. Más que definir la emoción que nos desborda en relación con un recién nacido, la vivimos, haciendo posible que disfrutemos de un milagro de forma simple y natural. De la misma manera debemos sentir la vida, procurando disfrutar a plenitud las oportunidades que nos concede. Seamos conscientes de la maravilla que la biología nos ha permitido experimentar cuando nacemos y juguemos con las mil y una respuestas que nos ofrece. Después de todo, la duda es otra muestra de que la vida tiene múltiples posibilidades.

Debemos estar conscientes de que todos vinimos a este mundo con un propósito de vida por el cual nos creó Dios. Somos creación de Dios, nuestro espíritu ya trae consigo su propósito de vida con el cual nos tenemos que manejar, aprender, evolucionar y desarrollar en esta tierra. El proyecto de vida corresponde a los objetivos que venimos a cumplir en este mundo, es el plan que debemos desarrollar, y para ello nacemos con habilidades y herramientas que nos ayudan a completarlo. Al nacer ya tenemos dentro de ese plan los dones que nos facilitarán el concretar nuestras metas.

Las facultades que se nos han otorgado para que vivamos en abundancia y bienestar están dentro de nuestra alma. Presta mucha atención a partir de este momento, pues lo siguiente es clave: mientras más consciente y responsable seas de esos dones, mayor será la posibilidad de que manifiestes el milagro de la prosperidad. Por esta razón, tenemos que administrar esas facultades que nos fueron entregadas con sabiduría. Todos somos prósperos, todos somos inteligentes, sabios, creadores de abundancia, ten esto siempre presente.

Si quieres ser próspero debes tener presente que nada milagroso sucederá a menos que hayas trabajado arduamente por ello. Porque la prosperidad es *esencia* de Dios, es todo lo bueno, lo verdadero, lo grandioso, lo hermoso; la bendición, la oportunidad y la lucha positiva hacia la victoria. La prosperidad exige que estés en perfecta alineación con tus propósitos. Si quieres obtener ganancias y que tus clientes sean justos y honrados contigo, tú debes ser honrado y justo en la manera en que ofreces tus servicios. No puedes caer en desalientos, victimización o vivezas, porque de la misma forma el Universo te devolverá multiplicado lo que tú entregas. Esto es la segunda clave importante para tener en cuenta cuando quieres conectar con el milagro.

La prosperidad es el camino que te conecta con tu destino, lo que debes hacer, tu propósito de vida, con lo que nos conectamos para recibir lo bueno de la Fuente Infinita de Dios. Es una conexión tan limpia y pura que es sumamente sensible a tus acciones; al igual que la arcilla que moldeamos con un simple toque, la prosperidad en tu vida será lo que tú formes. Entrega esfuerzo, disciplina y constancia, y así serán tus resultados.

Todo lo que ocurre en mi vida está perfectamente alineado con mis pensamientos y acciones.

El milagro ocurre cuando estás en perfecta sincronía con tu interior, y a través de la armonía de tu alma lo divino se puede manifestar y accionar en el mundo material. Cuando conectamos con nuestro propósito de vida y nos alineamos a todo lo bueno que el Universo tiene para proveernos, la prosperidad entra con toda la abundancia que toma desde la fuente infinita del Universo. Nada es más poderoso que entrar en contacto con ese depósito de energía infinita que mueve al Universo. Pero para ello debemos ser responsables y conocedores de nuestros pensamientos de abundancia.

Al ser creación divina de Dios tenemos toda la facultad para tomar conexión con el milagro de la prosperidad. Al profundizar en esa conexión y alinearnos con nuestro propósito, aprovechamos todo ese gran potencial con el que nacimos. Al desarrollarnos en lo que más disfrutamos hacer, nuestro espíritu se mueve libremente y con alegría hacia el cauce de la abundancia. Para lograr esta conexión debemos estar agradecidos y sincerar nuestros pensamientos y gustos. Sólo a través del reconocimiento total de quiénes somos y qué queremos logramos movernos en nuestro propósito de vida. Debemos explorar lo que realmente queremos ser desde el corazón, cuidando que el ego no interfiera en nuestro desarrollo.

Tenemos talentos ilimitados para crearlo todo, hasta donde alcance nuestra fe. Por eso te digo, lo puedes lograr todo, sólo rompe tus propios paradigmas y limitaciones para que comiences a emprender el vuelo.

¿Tienes fe? ¿Crees en ti?

¡Despierta! Reconoce quién eres y qué quieres. Mucha gente quiere comenzar a construir algo sin reconocer su propia sombra. Es decir, muchos quieren ser ricos y tienen grandes limitaciones en la cabeza porque no se abren al merecimiento; o los que quieren estudiar una profesión teniendo como incentivo principal el "qué dirán", por complacer a la familia o por ganar dinero y no por lo que realmente les gusta.

Date la oportunidad de brillar con tu propia luz sin apagar las luces de los demás. Date la oportunidad de cumplir tu propósito sin apegos, sin resentimientos, sin buscar aprobación o aceptación de los demás. A partir de ahora conecta tu esencia al máximo, lo que llene tu alma. No dejes ciclos abiertos y date la oportunidad de agradecer y abrirte al cambio. La transformación no está afuera, está dentro de ti.

Si hay algo que siempre quisiste hacer y aún no has podido, es la ocasión para intentarlo. Hoy es el momento de hacerlo con verdadera consciencia, verás que todo se moverá para favorecerte. Será algo mágico cómo todo lo que requieres se acercará a ti y te guiará. Créelo y sigue adelante. El planeta está siempre en constante cambio. Los seres humanos debemos conectarnos con esta realidad y asumir nuestro compromiso como especie y habitantes de esta gran casa originaria, la madre tierra proveedora de toda abundancia. Para ello, debes creer en ti y abandonar el papel de víctima que no te deja asumir el verdadero control de tu propósito.

> La transformación no está afuera, está dentro de ti.

¡Llegó el momento de dejar atrás el pasado desde el amor, ya pasa la página! Perdona, agradece a tus padres y ancestros y comienza a hacerlo diferente. Eres responsable de tu realidad. A partir del momento en que decides cambiar quién eres, todo el entorno se transformará para tu beneficio. Aunque parezca una realidad aquello de que "el planeta está en crisis", es todo lo contrario. Para quienes ponemos en práctica el ancestral arte del Feng Shui, éste es el momento ideal para activar nuestra prosperidad personal y material, lejos de las quejas y los lamentos.

Ten siempre presente que nadie te puede quitar tu conciencia de riqueza, no importa lo que te suceda o el lugar en el que te encuentres. En este libro aprenderás que quien decide creer en sí mismo y en su conexión con el Universo es capaz de vivir grandes milagros. Éste es un viaje para quienes han decidido creer, ser prósperos y cambiar su presente. En mi experiencia, que quiero compartir contigo, he aprendido esta gran lección.

Cuando no puedes disfrutar te amargas, es importante tomar en cuenta eso. Puedes tenerlo todo materialmente, pero vivir triste porque te agobia el trabajo, los problemas, la situación, etcétera. En cambio, puedes tener poco, tener un trabajo que te permite vivir según tus requerimientos básicos, y ser feliz.

Si vives satisfecho donde estás, en conexión con tu propósito de vida, disfrutando de quien eres y lo que haces, entonces eres próspero. De eso se trata la verdadera riqueza.

No tiene que ver con dónde vivas. Por ejemplo, los ingleses fueron ricos en los lugares más pobres del mundo. Porque su riqueza es cultural, social y espiritual. No se trata de los recursos materiales que poseen en su país. Asimismo, la prosperidad es tuya, eso no te lo quita nadie. La verdadera semilla de tu prosperidad está en cómo te planificas, en las decisiones que tomas, en cómo armas tu ambiente, en todo eso se haya el núcleo. Esto es una lección que he comprobado en el transcurso de mi vida. Es más que teoría. Yo lo viví así y lo aprendí, como un maestro de prosperidad.

El Universo en este momento está conspirando por mis sueños.

Si es posible, coloca el foco en ti y serás próspero. Reconoce tu propia riqueza y avanza. Uno decide cómo ser próspero, es decisión personal. Porque sí, es cierto que 50% lo traes como parte de tu destino, pero el otro 50% lo construyes paso a paso según tus acciones. Es decisión personal con qué te conectas, hacia dónde te diriges, a quién aceptas en tu vida. La responsabilidad de cómo se desarrolla tu vida y cómo alcanzas la riqueza, es tuya.

Yo tengo mucho que agradecerle a Colombia, Venezuela, Estados Unidos y México, que son países donde he sido residente, aunque he viajado mucho y disfrutado de todo el planeta como ciudadano del mundo. He visitado países más pobres que éstos y más ricos. La prosperidad es 100% fuente, responsabilidad y decisión nuestra. De ahí la importancia de cómo tienes tus pensamientos, cómo son tus acciones y cómo se encuentran tus espacios. Con qué personas te relacionas y cómo quieres desarrollarte. Todo esto es lo que enmarca y da forma a tu riqueza. Cuando cada uno de estos factores está perfectamente alineado, el Universo te brinda el milagro de la prosperidad.

Reconoce quién eres en todos los aspectos asumiendo tu responsabilidad. Éste es un proceso alquímico de gran transformación. Debes respetarlo y tratarte con afecto y amabilidad. Yo te guiaré en el camino para que logres tus deseos, pero debes tener presente siempre que el principal aliado en esta nueva vida eres tú.

Recibe esta guía para consagrar tu bienestar económico y la prosperidad en todos los aspectos que mereces en tu vida, ahí es donde ocurrirá tu milagro, tu maravilloso renacimiento. Deseo, con todo mi amor, que tus sueños más anhelados se hagan realidad y comiences a vivir desde la conciencia de prosperidad, relacionándote desde la armonía perfecta con todo lo que te rodea.

Los nueve niveles de vida para alcanzar el milagro

1. Conecta tu misión de vida.
2. Consolida el amor y las relaciones.
3. Busca la integración.
4. Activa la riqueza.
5. Equilibra el bienestar de tu cuerpo y alma.
6. Agradece y conéctate con la Divinidad.
7. Vive siempre en creación y reconoce tu legado.
8. Del conocimiento a la sabiduría.
9. Logra tu éxito para trascender.

El Feng Shui y los nueve niveles de vida

El arte milenario del Feng Shui es una filosofía que cambiará tu vida. Es la única práctica que te permite alinear tus espacios con tus pensamientos y deseos. Literalmente significa "viento y agua". Representa la comunión en equilibrio de ambos elementos de la naturaleza: el viento ascendiendo a la cima de una montaña y el agua subiendo hasta su cumbre en una unión perfecta. En su práctica, la alineación de la energía en cada una de las coordenadas de los nueve niveles de vida busca orientar las aptitudes y las acciones de una persona, para así desarrollarse, ser próspero y alcanzar el milagro.

Personalmente, creo que es como una gaviota cuando vuela sobre el mar, se desliza suavemente en una brisa fresca. Si la gaviota observa hacia abajo ve la inmensidad de un gran mar que le ofrece la abundancia que desea. Esta gran armonía de vida es lo que considero Feng Shui.

Para conectarse con esta magia hay que tener claro tres principios básicos: todo está vivo, todo está relacionado y todo se transforma. Lo importante es que te permitas sanar, reencuéntrate contigo para que comiences a construir lo que tanto deseas desde tu verdad. El Feng Shui me enseñó cómo organizar no sólo mis espacios, sino cómo dar forma a mi prosperidad desde los nueve niveles de vida.

Comenzamos un gran viaje que realizaremos juntos para lograr la prosperidad. Un concepto que no se puede confundir con la riqueza, pues son diferentes por completo. La prosperidad es el equilibrio entre las diversas áreas de tu vida, donde se encuentran la salud, la familia, la profesión, las relaciones, el manejo del dinero, el bienestar, el disfrute. En cambio, la riqueza es la mera bonanza económica, pero recordemos que hay gente que tiene dinero y no lo disfruta. No se puede hablar de prosperidad a nivel del dinero. Éste es sólo una parte.

Una persona puede vivir en un sitio muy pobre, en un país o una ciudad sin opulencia, pero si tiene una casa hermosa, cuidada, bien atendida y organizada; esa persona es próspera. En sus espacios puede que haya imágenes de sus logros, o simplemente de sus seres queridos, con un ambiente bellísimo, alegre. Un hogar con una energía que le da para sobrevivir en ese lugar. Sin importar el número de ceros que tenga en su cuenta, esa persona es próspera. Si a ti se te provee, y tienes comida, techo, salud, te sientes bien y estás contento, eres próspero.

Todo se centra en cómo quieres vivir. Para mí la prosperidad significa llegar a equilibrar los nueve niveles de vida. Sin profundizar en ellos no se puede hablar de prosperidad.

Te invito a que me permitas ser tu maestro de prosperidad para ayudarte a desarrollar tus nueve niveles de vida y así construir tu prosperidad, como un ser en evolución constante. Cada capítulo de este libro funciona como una herramienta de evolución que te permitirá conectarte con tu milagro. Cada uno funciona como las piezas de un engranaje bien ajustado. Uno precede al otro para permitirte realizar un viaje de despertar progresivo y efectivo.

En el proceso de ese despertar iremos juntos reorganizando todos tus espacios. Con la ayuda de la brújula ubicarás cada coordenada correspondiente a cada nivel y ahí activarás la energía de la tierra en armonía con tu prosperidad. Actualmente los celulares traen incluida una brújula, pero si no es el caso de tu celular puedes bajar una aplicación de brújula. Recuerda, debes colocarla en el centro de tus espacios e identificar dónde queda el norte, que es a donde estará marcando el puntero; este indicador puede ser una flecha roja. Una vez que tengas ubicado el norte, identifica cada una de las demás coordenadas.

> Empieza a partir de hoy una nueva vida llena
> de prosperidad, amor y abundancia.
> Prosperar es maravilloso.

Cada capítulo de este libro tratará uno de estos niveles. Los cuatro capítulos iniciales tienen que ver con la realización de nuestros aspectos materiales. El primero busca definir tu *misión*, tu norte en la vida, hacia dónde vas, qué es lo que quieres conseguir. El segundo tiene que ver con la *pareja* y las *asociaciones*, porque en el momento en el que ya defines lo que quieres, debes girar tu mirada hacia el amor. Seguirás al tercer nivel con la *integración*, con tu familia, tu grupo, porque para construir tus sueños debes interrelacionarte con todo tu contexto. Y el cuarto, que es el más buscado, tiene que ver con el *dinero*; un gran maestro. En ese capítulo aprenderemos cómo alcanzar un nivel material óptimo, buscaremos que te sientas un ser creador, y entenderás que el dinero viene a ti de forma fácil, cómoda y fluida. Estos cuatros primeros niveles llenan la parte yang de la energía vital.

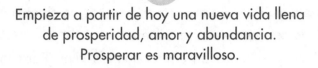

Los tres niveles siguientes son 100% espirituales. El orden es lógico porque primero hay que entender la parte material, saciarla por completo, y así sentir que somos seres ricos en esos cuatro aspectos básicos, para proceder a la búsqueda de lo divino. En el quinto nivel trabajarás el acercamiento con tu *centro*. Confirmarás que todo lo que pudiste crear en el aspecto material también lo puedes crear en tu interior.

En el sexto capítulo trabajarás el disfrute de la vida a través del *agradecimiento.* Esta segunda parte del libro finaliza con el séptimo nivel que tratará del legado, tu *creatividad,* para que no caigas en la monotonía, porque tú eres siempre un creador. Una vez saciada nuestra parte material y en conexión con la Divinidad es que podrás acceder a la evolución de tu ser, que es tratada en los dos últimos capítulos como una demostración de que tienes la capacidad de trascender de forma *exitosa* por tu *sabiduría* en este grandioso mundo.

Respira para conectar el milagro dentro de tu ser

Date un espacio para meditar, respira, siéntete, escucha tu voz interior. Céntrate en tu interior, en tus anhelos, en tus gustos, en quién eres. Realiza una lista con tus peticiones inmateriales y materiales.

Sé concreto y muy específico en lo que pides a partir de este momento. El Universo no funciona con ambigüedades. Debes ser exacto y preciso. Visualiza y escribe la fecha en la cual estás dispuesto a recibir lo que anhelas. Año, mes, día.

No pierdas tiempo en pensar cómo vas a lograr lo que quieres, entrégalo a tu poder superior.

Él todo lo puede y es infinitamente dadivoso. Lee tu lista dos veces al día. En la mañana cuando te levantes y en la noche antes de dormir.

Es importante hacer tus peticiones sin ningún miedo o duda. Debes tener certeza absoluta de que todo se cumplirá. Confía por completo, porque es una realidad. La mente es como un imán, por eso atraemos todo lo que pensamos.

Si piensas que tendrás éxito, lo tendrás. Si piensas que toda tu vida serás pobre, lo serás. Por eso, si estás de buen humor, feliz y contento, piensa que eres exitoso. Si estás de mal humor y no tuviste un buen día, sigue pensando que eres exitoso.

Sé fiel a ti mismo

Lo importante es ser constante y creer siempre que lo que queremos ya está dado, y que nos lo merecemos. Debes convencerte de que eres rico y próspero. No vaciles, porque pones tus peticiones en juego. Di estas palabras cada vez que se te presente cualquier obstáculo o circunstancia negativa, y recuerda que tienes el poder de transformar tu energía:

- Renuncio a seguir insatisfecho.
- Renuncio a cualquier idea de sacrificio y dificultad.

- Renuncio a las limitaciones de mi vida y al modelo mental que me lleva a ello.

A partir de este momento me conecto en plenitud, armonía y prosperidad.

PARTE I

ACTIVA LA ENERGÍA *yang*

Abre tu mente, prepárate para expandir tu conciencia, comenzamos con los primeros cuatros capítulos. En ellos sentimos, llenamos y satisfacemos nuestra parte yang. Vamos a reencuadrar nuestra área material, desde nuestra misión de vida hasta como nos conectamos con el dinero.

ALFONSO LEÕN
ARQUITECTO DE SUEÑOS

1

MISIÓN

¡Tienes un gran talento por descubrir, desarrollar y evolucionar! Todo pensamiento genera un sentimiento, que a su vez generará una decisión y de ahí habrá un resultado. Si en este momento tus resultados no son los más óptimos llegó el momento de cambiar tus pensamientos y sintonizarte con lo que realmente quieres. Por eso te digo: puedes lograrlo todo, sólo extiende tus alas para emprender el vuelo. La pregunta fundamental es: ¿cómo te estás conectando con tu propósito, con tus dones, para que puedan ocurrir milagros? Recuerda: creas tu realidad según como te encuentras en este momento, todo ha sido el resultado de tus decisiones y acciones pasadas, ahora estás viendo tus resultados. ¿Has pensado sobre esto? ¿En qué gastas la mayor parte de tu tiempo? ¿Cómo llevas día a día tus facultades? ¿Están alineadas tus acciones con tus metas de prosperidad?

El Universo entero nos da la oportunidad de evolucionar todo lo que queramos en cualquier momento. Por esa razón sostengo que Dios es un sí de amor. Porque si quieres ser carpintero, Dios te dice sí, y si decides ser pobre o ser millonario, Dios te dirá que sí. Dios nunca te limitará. Nosotros tenemos el derecho divino de ser lo que queremos ser; ése es el libre albedrío, que es algo infinito, y sólo tú tendrás la responsabilidad de tu vida. Esto ya es el milagro, la capacidad que tenemos de asumirnos, vernos y construir todo lo que queramos. Debes entender que serás todo lo que quieres ser. El milagro de la vida está dentro de ti.

En el momento en que la primera partícula de nosotros brilla por primera vez en el Universo, emerge también un don. Esa facultad no te la puede quitar nadie. Cuando naces en este mundo tienes la oportunidad de desarrollar ese don, sea cual sea. Claro que cuando llegamos a este plano nos vemos inundados por muchos factores que nos pueden distraer o alentar. Nuestra vida en este mundo es tan interesante porque comienza a la vez todo un proceso de cualidades, que podríamos llamar negativas y positivas. Esto se debe a la intensidad de las emociones que se mueven en este plano, donde se empieza a recrear toda clase de sentimientos, como la compasión y el resentimiento; desde las emociones más divinas o elevadas hasta las emociones más terrenales o carnales.

El Universo me entrega lo que requiero,
confío en mis sueños y los hago realidad.

Busca el equilibrio yin-yang

El concepto del yin y el yang expresa que todos tenemos la capacidad de "sentir" estas energías que se encuentran dentro de nosotros mismos. De la manera más simple, se puede definir como yin a la energía pasiva, de oscuridad, y yang a la energía activa, de claridad. Estas fuerzas sintetizan nuestra manera de ver relacionadas en un conjunto perfecto la sombra con la luz. Este equilibrio de lo positivo con lo negativo es lo que define el tao. Estas dos fuerzas constituyen el Universo; están presentes en todo, complementándose y equilibrándose de forma permanente, y cada fuerza requiere de la otra para conseguir la unidad. Nosotros no podemos negar lo malo que tenemos y mostrar sólo lo bueno, porque dentro de nosotros siempre están las dos energías. Lo importante es reconocer nuestras sombras porque ahí es donde aparecerá la luz.

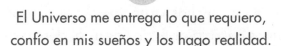

Cuando tienes un don y no lo activas, la vida pasa y vas acumulando frustración, porque no puedes olvidar que en tu nacimiento tu don estuvo presente. En la Era de Acuario, que estamos viviendo, esto es de gran importancia porque el Universo está dando todo de sí para la expansión de la consciencia de cada uno de nosotros. Hoy tenemos una gran cantidad de herramientas para resolver los problemas del pasado; en este momento existe la posibilidad de *redefinirte* en muchos aspectos. Aquí es donde comenzamos a explorar el primer nivel dentro del Feng Shui: tu misión de vida. Cuando logras reconocer tu propósito no importa lo que hayas hecho hasta ese momento, como lo que hayas estudiado, o lo que pueda decir la gente. Cuando reconoces tus dones enganchas el primer eslabón de tu prosperidad. Tal vez estudiaste ingeniería, medicina, una carrera técnica o sólo terminaste la preparatoria, pero tu sueño es ser cantante, así que puedes reconocer que prefieres ser feliz tocando la guitarra en un sitio público que ser gerente de una empresa. Y ese reconocimiento despertará tu alma y te llevará por el camino de la abundancia.

¿Estás dispuesto a despertar?

Te invito a que tomes este momento para reflexionar qué es lo que más te apasiona hacer en la vida; esta energía es la que comenzará a activar tu don. Cuando contactas tu misión aparece el camino a la elevación. De lo contrario, la vida permanece en una sola horizontalidad, como si no ocurriese nada en lo absoluto. A este momento de decisión yo lo llamo "El despertar". Un buen ejemplo es la película *Matrix*: todo el proceso por el que pasó Neo, el protagonista, para buscar a Morfeo, quien conocía la gran verdad, hasta que al fin llegó a él y cambió su vida para siempre. La decisión a la que Neo se enfrenta al recibir de Morfeo las dos pastillas que lo conducirán a dos realidades completamente diferentes es la mejor explicación del concepto del libre albedrío.

> Toma este momento para reflexionar
> qué es lo que más te apasiona hacer en la vida.

90% de las personas tiene un trabajo convencional, social y económicamente aprobado, pero casi todos buscamos en el tiempo libre algo que nos despierte, que haga vibrar nuestro corazón y que nos mueva desde el alma hasta los huesos. Eso ocurre comúnmente con el don. Con esa habilidad jugamos y coqueteamos de forma paralela en la cotidianidad, hasta que llega el punto en que algo empieza a resquebrajarse. La máscara pierde solidez y cae a pedazos poco a poco. Todos pasamos por ese mismo proceso en ciertas ocasiones, cuando tenemos dos opciones a escoger.

Eso me sucedió cuando vivía en Colombia. Yo trabajaba como arquitecto, pero tenía una búsqueda mística de forma paralela. Cuando decidí viajar a Caracas para visitar a mi mamá me di cuenta de que tenía la posibilidad de explotar al máximo lo que hasta ese momento había llevado de manera informal. Cuando abrí los ojos ante mis propias habilidades y deseos por primera vez, fue como en la película *Matrix*, algo que por supuesto puede ser impactante y trascendental. Llegar a Caracas fue para mí la pastilla de Morfeo. Tal como pasó en la película cuando Neo se desconecta y los cables se disparan y viaja a otra vida diferente. Esto nos ocurre a todos cuando "despertamos" ante nuestro don, porque se nos mueve todo. El despertar es el encuentro entre el don y la misión de vida.

> Todos buscamos en nuestro tiempo libre algo que haga vibrar nuestro corazón.

¿Qué te hace feliz?

¿Qué es lo que haces que te llena de felicidad? Muchos trabajan para tener dinero, agobiados y resentidos porque no alcanzan las tan anheladas metas cuantificables. La realidad es que no van a alcanzar la felicidad porque no están en sincronía con los anhelos de su alma. Persiguen metas que no les dan plenitud y resulta que lo único que vinimos a hacer en esta vida es: ser felices. La felicidad varía de acuerdo al criterio y las experiencias de cada quien. Sin embargo, a pesar de esas diferencias, es un estado que nos llena de disfrute y del cual no queremos salir. Encontrar la felicidad depende de nuestra actitud ante la vida, del empeño que tengamos por hacer realidad nuestros sueños y del deseo de alcanzar la plenitud.

La importancia de la felicidad reside en disfrutar de todo aquello que tenemos. Es decir, desde que nacemos merecemos ser felices y podemos serlo mediante la toma de pequeñas decisiones cotidianas. Lo trascendente para cada uno de nosotros es que seamos capaces de mantener una actitud positiva, ser optimistas, tener un criterio propio que nos defina y saber que, si queremos algo de corazón, podemos conseguirlo.

En muchas ocasiones nuestros pensamientos no se ajustan a la realidad, resultan distorsionados. Nos dejamos llevar por errores frecuentes que nos impiden vivir en plenitud. En cambio, si modificamos la visión de aquello que nos genera malestar incorporando pensamientos más flexibles, podremos tener sentimientos positivos.

¿Por qué no desarrollas tu don?

Una de las trabas para que esto ocurra es que relacionamos la misión de vida con la situación económica, por eso para lograr este despertar tan significativo hay que olvidarse del dinero. Porque no se puede ser "esclavo del dinero", como dice Robert T. Kiyosaki en su libro *Padre Rico, Padre Pobre*; es decir, hay que lograr que el dinero trabaje para ti y no que tú trabajes para él. Pero esto sólo es posible cuando activas tu don.

Cuando defines y aceptas lo que te gusta y disfrutas llega el momento de la rendición, que no es más que abandonar la lucha. Dejar a un lado el ego y darle el control a la emoción que te mueve. Si no te rindes por tu don ante tu propio ego, no te conectarás con tu misión de vida. Es indispensable ir más allá de las presiones de tu familia o grupo social, al que también le dicen "la tribu". Además, debes rendirte a ese anhelado estatus social por el que muchas veces la gente busca una profesión. Se quedan en un lugar que no disfrutan para satisfacer por años el ego de quienes lo rodean. Este primer peldaño nos exige rendirnos por nuestro don. Una vez conectada tu misión de vida, el Universo conspirará por ti y disfrutarás de la mayor felicidad. Irás al mundo donde realmente quieres vivir.

> Hay que lograr que el dinero trabaje para ti
> y no que tú trabajes para él.

La actitud ante tu don es clave

El siguiente paso en este nivel es reconocer nuestra "actitud", pues todos tenemos emociones diferentes, formas variadas de pensar y eso se respeta, por eso el talento va acoplado de distintas maneras. Pero lo que no podemos dejar de tomar en cuenta ni un instante es que todos somos parte de Dios, porque todos somos creadores.

La gente cree que para ser talentoso hay un estereotipo definido, pero esto es totalmente falso. El colectivo nos ha llevado a creer que sólo hay unas ciertas características con las que se puede alcanzar el éxito. Todo esto está cambiando, hoy nos formamos para exponer nuestros talentos. Y ésa es la ola de oportunidad que debes aprovechar. Cada individuo tiene una personalidad especial dada para un don particular que lo puede llevar a la cima de la fama y el reconocimiento.

> ¡Recuerda! Lo que eres es lo que te apasiona,
> así que entrégate por completo a tu
> misión de vida, a tu pasión y verás los resultados.

¡Entrégate! ¡Compromete tu corazón!

Cuando canalizas tu gran propósito de vida tienes que entregar toda la energía y toda la pasión. De eso se trata el camino hacia la prosperidad. Eso es la creación: la abuela que hace la torta, el diseñador que comienza a marcar los trazos, el arquitecto que empieza a proyectar, ahí es cuando nace el líder que conmocionará a miles de personas. Ahí, en ese minuto del tiempo, en el que decides arriesgarte a tomar la pastilla que te despertará. Es en ese momento exacto donde comienza tu recorrido hacia la realización del milagro. Todo comienza cuando activas tu don.

Tener voluntad nos lleva a la plenitud

Sacar el máximo partido a nuestras posibilidades está directamente relacionado con las ganas y el esfuerzo que pongamos en ello. La fuerza de voluntad es la capacidad que tenemos para controlar nuestros impulsos y conductas, y de dirigir nuestros pasos hacia donde queremos. Tener voluntad es llevar a cabo acciones claras, definidas y concretas, basadas en nuestros deseos y decisiones.

Se trata de actuar y tener la disposición para conseguir lo que se quiere. Siempre hay proyectos e ilusiones a través de los cuales se puede ir construyendo nuestro edificio de la plenitud, algo que posponemos en muchas ocasiones por ser muy conformistas, mientras que en otras llevamos las ambiciones demasiado lejos. Hay que mantener un equilibrio entre ambas posturas, pero siempre entendiendo que sin ese empuje de la voluntad raramente conseguiremos ser felices.

> Tener fuerza de voluntad implica actuar
> y esta acción, a su vez, significa esfuerzo,
> progreso y hasta equivocarse.

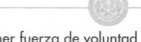

Con frecuencia tenemos ciertas opiniones, criterios equivocados y pensamientos incorrectos que nos impiden lograr nuestras metas y mejorar nuestra calidad de vida o, simplemente, hacer las cosas de manera diferente. Adoptar una actitud positiva es fundamental. Confía en que sí puedes conseguir lo que te propongas. Sólo tienes que aprender a vencer los obstáculos antes mencionados. No te culpes por lo que no has hecho. No busques ejemplos que demuestren que, como no lo lograste en el pasado, tampoco lo harás en el presente o en el futuro. Recuerda que tu conducta es resultado de lo que has aprendido, y todo aprendizaje puede ser sustituido por uno nuevo.

Para aprender una conducta o un nuevo hábito tenemos que practicar, equivocarnos, corregir los errores y seguir practicando. Todos tenemos facilidad para hacer algunas cosas y dificultad para otras. Lo importante es no darse por vencido. Tener fuerza de voluntad implica actuar y esta acción, a su vez, significa esfuerzo, progreso y hasta equivocarse. Si se aceptan los errores como parte de la vida y se aprende a manejarlos, la fuerza de voluntad no se debilita.

Nuestros pensamientos, ideas y creencias influyen en nuestras emociones y en nuestra conducta. Si estoy convencido de que no soy capaz de hacer ciertas cosas, ni siquiera voy a intentar hacerlas. Si creo que mis errores demuestran que soy un fracasado, ante la posibilidad de no tener éxito me justifico, diciendo que no tengo fuerza de voluntad. Pero nuestras creencias y pensamientos pueden estar equivocados y pueden cambiarse.

Si se aceptan los errores como parte de la vida
y se aprende a manejarlos, la fuerza de voluntad
no se debilita.

Acciones continuas: la frase "la práctica hace al maestro" es cierta. En la medida que pongamos todo el esfuerzo y la voluntad por lograr algo, nos iremos convenciendo más de nuestra idea. También las acciones continuas hacen que derrotemos muchos obstáculos.

Vibrando en positivo

Las leyes de la física cuántica y el famoso libro *El secreto* nos lo dicen. Cualquier pensamiento dirigido hacia el bienestar, la armonía y el equilibrio del Cosmos es devuelto por el Universo atrayendo la gracia de las altas frecuencias y todo lo positivo para tu vida. Las fuerzas que atraigan la vibración por intereses egoístas, poder, avaricia o lujuria recibirán vibraciones que disminuirán tu nivel de frecuencia. Esto conllevará a que estés continuamente requiriendo nuevas "dosis" de energía y vibración, como si fueras un adicto. ¿Por qué? Porque atraer la energía disminuye tu nivel vibratorio, mientras que el emitirla aumenta tu nivel vibracional. Por ello, cuando las entidades irradian el bien, esas energías aumentan a frecuencias más altas y traen consigo el bien a sus vidas. Cuando las entidades atraen energías por motivos egoístas, éstas se devolverán a ti como si fueras un imán, provocando el caos y los problemas.

Sé fuente de luz y amor

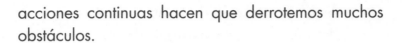

Muchas veces tú mismo y, en general, muchas de las personas con quienes compartes en tu trabajo viven quejándose, maldiciendo, haciendo mal a los demás o actuando desde la apatía. ¿Qué cosas atraen estas energías? Los chismes, los enredos, la envidia, las cizañas... El ambiente que se mantenga ante tan bajas vibraciones requerirá de constantes limpiezas energéticas; sobre todo, tendrá que erradicar a "la manzana podrida" dentro del conjunto de manzanas sanas. Si no, este sitio estará siempre cargado de bajas vibraciones atrayendo peleas, tristezas, fracasos y problemas. Por ello, si quieres trabajar en un entorno agradable, sé fuente de armonía y paz, haciendo el bien y prestando servicio a quien lo necesite, entregando lo que haces desde el agradecimiento y el amor. Así expandirás una hermosa onda que renacerá dentro de tu alma y se irradiará también en tus ambientes. En especial si cometes errores o pasas por un periodo de prueba aprovecha para agradecer y así vibrar en positivo.

> Si tomas responsabilidad sobre lo que ocurre, consigues las herramientas para mejorar, para aprender y para ser un poco más sabio que ayer.

Los errores son valiosos

Vive los errores con gozo. Cuando se presenta la equivocación ella nos está mostrando que estamos actuando, que estamos accionando. Hay algo que estamos aprendiendo en nuestro desarrollo y por ello son tan valiosos esos tropiezos. Reconocer los errores y aprender de ellos nos permite superarnos y mejorar. Te invito a que desde este momento cuando sucedan equivocaciones te tomes un tiempo para pensar:

¿Cuál fue el error? ¿Cómo puedes evitarlo? ¿Qué lecciones te ha dejado? ¿A dónde te lleva? ¿Qué dice de ti ese error? ¿Por qué crees que se produjo? Anota las respuestas en un papel, revisa, profundiza en el proceso que vives. Reflexiona al respecto. Ve más allá.

Una gran parte de lo que nos sucede es el resultado de nuestras decisiones y conductas. Considera el traspié como una enseñanza y no como un fracaso. Cuando no lo aceptamos y culpamos a los demás, a la vida o a la suerte, no resolvemos los problemas y nos sentimos víctimas, incapaces y vulnerables. Esta actitud nos paraliza o nos lleva a tomar decisiones equivocadas. Si tomas responsabilidad sobre lo que ocurre, consigues las herramientas para mejorar, para aprender, para ser un poco más sabio que ayer.

Evita depositar en los demás la causa de tus errores, ya que así no podrás superarte. Reconocer que cometimos un error es un acto de valor y honestidad. Nos da la posibilidad de corregir y aprender. Recuerda que somos humanos y, por tanto, falibles. No somos ni seremos perfectos, pero siempre podemos mejorar. Siempre podemos aceptar nuestra responsabilidad.

> Considera el traspié como una enseñanza
> y no como un fracaso.

La gran clave: ¡Conviértete en un ser positivo!

Te entrego la siguiente práctica diseñada para enaltecer la energía que habita dentro de tu espíritu. Verás que requiere de un gran compromiso de tu parte para cumplirla. Yo lo hago a diario y los resultados son maravillosos. Cada paso en este camino cuenta. La energía con la que actúes es la que te permitirá conectar todo lo demás en tu vida. La felicidad, la alegría, el entusiasmo llegarán a tu camino.

1. Habla positivamente. "Sé impecable en tu palabra." Realiza afirmaciones a diario: en la mañana, al mediodía y en la noche. Afirma frases como: "Tengo la energía para construir mi éxito", "Sí se puede", "Soy próspero" y "Me acepto completa y amorosamente". Estas afirmaciones trabajan en nuestro inconsciente dándonos la oportunidad de un cambio, de una nueva transformación hacia tu conexión con lo divino. Si hablas en positivo estarás conectando energía maravillosa para que todo realmente conspire a tu favor. Las personas que hablan desde las groserías, la crítica, el chisme, bajan su energía, su *prana* o su *chi*, y no se dan la oportunidad de conectar lo que tanto buscan en sus sueños. A partir de hoy, date la oportunidad de entrar en esta nueva energía. Sólo tú puedes hacer esto, construir tu mayor sueño depende únicamente de ti.

2. Habla en presente. Realiza las peticiones en presente. Esta práctica, aunque parezca pequeña, es de gran valor. Mantener tu mente en el presente sirve para que conectes con el aquí y el ahora. Si hablas desde el pasado o desde una mirada hacia algún momento del futuro lejano, no podrás conseguir lo que anhelas. Siempre tu atención estará dividida entre esa fantasía, más allá de tu alcance y la realidad que vives. Centra tu atención en un punto, en ese paso que vas a realizar hoy para construir tu sueño. Si dices: es que yo anhelo aquel coche, aquella casa, aquel proyecto o aquel negocio, te quedas amarrado al pasado.

Cuando las personas hablan desde el pasado tienen ahí sus pensamientos, y mientras estén ahí, están imposibilitadas de avanzar. Entiende que el pasado no es real y no existe. Tu pensamiento tiene que mantenerse en el presente, así tu verbo y tu comunicación se mantendrán también en este momento de tu vida donde en realidad puedes accionar. Permítete decir: "Tengo el coche que quiero", "Tengo la pareja de mis sueños", "Tengo el trabajo perfecto". Te darás cuenta de cómo desde esa ley de la visualización comienzas a atraer la energía para que se materialicen todas tus metas, simplemente hay que conectar esa ley que hay en nuestro inconsciente para vivir en el presente.

> El que no se entrega por completo hacia su sueño, no podrá movilizar al Universo hacia sus metas.

3. Crea unidad interior. Como en la ley del tao que indica que las polaridades yin y yang habitan en equilibrio, toma en cuenta lo que piensas y lo que sientes, de igual forma en los aspectos físicos y emocionales para que todas tus acciones sean coherentes y te impulsen en conjunto. En ocasiones las emociones no están acordes a las acciones o al cuerpo físico; puedes estar sintiendo cosas respecto a un sueño o algo que anhelas, pero se puede estar manifestando de forma diferente en tu cuerpo físico.

   Cada célula de tu cuerpo percibe tu incomodidad o tu pasión, por ejemplo: en este momento que estoy construyendo este libro para ti, estoy cargando en cada página toda la pasión y mi entusiasmo para que lo sientas, te motives y te inspires. El que no se entrega por completo hacia su sueño, no podrá movilizar al Universo hacia sus metas. Debes estar comprometido en mente, cuerpo y alma. Tienes que ser coherente y entregarte a la sincronía divina. Ésta es la razón de que sea tan importante que medites, que cuides la forma en que comes y que te conectes con personas que estén en la misma sincronía divina, para que puedas tener tus energías yin y yang en equilibrio.

4. Haz verosímiles los escenarios que requieres para conectar la fuerza de la prosperidad en tu vida. ¿Cómo quieres vivir? Visualiza todas las situaciones que sean lo más parecidas a las circunstancias que quieres en tu vida. Busca conectar con los lugares, los sitios, el trabajo, las personas que deseas en tu camino. Aléjate de todo lo que no te llena. Busca enfocarte ahí donde está la energía que te hace vibrar. Por ejemplo, relee los mensajes que te cautivan en este libro, comparte con personas positivas y que te den paz, visita sitios que te hagan sentir en armonía, entusiasmado y feliz, habla de situaciones que te motiven e inspiren, trata en lo posible que tu casa esté muy bien equilibrada.

El Feng Shui es un arte que te permite ordenar en equilibrio perfecto cada una de las coordenadas de tu casa. Siguiendo sus directrices conectarás la mayor energía de armonía, bienestar, plenitud, riqueza, amor y éxito. Convierte tu casa en un templo de prosperidad, que lo que observes esté vinculado con tu propósito, por ejemplo: en la coordenada norte, tu misión de vida; en el sur, el éxito; en el suroeste, el amor, y así en cada nivel que trabajaremos a continuación. Cada espacio debe estar ordenado para conectar desde lo positivo el milagro en tu vida.

Realiza actividades que te encaminen a donde quieres ir.

5. Conserva el sentido de la realidad. No hay sueño que se realice si no va acompañado de acciones concretas. Sueña todo lo que quieras, pero coloca los pies en la tierra. Realiza actividades que te encaminen a donde quieres ir. Realiza los ejercicios de este libro con compromiso. Estudia lo que requieras, procura la compañía de personas que te nutran, vístete de colores que conecten con el éxito, como colores yang: el rojo, el naranja y el amarillo.

6. Elegir es indispensable. Debes dar el paso. Concéntrate en vivir el cambio y luego de pasar al siguiente nivel no creas que sólo vas a transformarte una vez. Tienes que estar preparado para fluir con la vida; recuerda: la vida es cambio constante y todo tiene un precio. Cada elección que tomes requerirá compromiso y trabajo. No es simplemente pedir lo que quieres, debes dar. Ofrecer tu viejo yo, abandonar hábitos y reinventarte.

7. Confía en tu intuición. Ella es la mejor guía en función de tu visualización positiva. Explora tu sexto sentido, medita y céntrate en la voz de tu alma. Ése es tu mejor maestro. Tienes la oportunidad de reencontrarte con tu esencia, de activar ese tercer ojo y ver más allá del mundo físico, para que te conectes con personas positivas, escenarios que te beneficien y, sobre todo, visualices qué es lo que en realidad quieres. No dejes para mañana lo que tienes que hacer hoy.

Ten presente que, así como existen progresos, también hay retrocesos y periodos de estabilidad.

8. Acepta que estás progresando. Esto es fundamental, comprende que estás avanzando, que has logrado objetivos. Mantente atento a esos cambios que has hecho y felicítate por ellos. Ten muy presente que, así como existen progresos, también hay retrocesos y periodos de estabilidad. Aprende a identificarlos, conocerlos hará que reorganices tu energía, que no te juzgues y que aproveches la energía de cada periodo para descansar, reinventarte, dar el salto al vacío y hacerlo de nuevo, esto es la vida. Si te mudaste, te cambiaste de país, o estás emprendiendo, y sientes que diste dos pasos hacia atrás, toma en cuenta que a veces esos tropiezos son los que nos permiten iniciar con mayor fuerza el recorrido. No tienes por qué tener miedo.

9. Conéctate con personas positivas. Responde: ¿te mereces tener a tu lado una persona que te sabotea o que te impulsa? A veces es "mejor estar solo que mal acompañado". Aléjate de la gente que te cause cualquier tipo de molestia, que sea negativa, que siempre te ponga trabas. Incluso si es tu pareja, revisa si de verdad es alguien que está en alineación perfecta contigo y tu vida. Las

personas que en realidad están en tu frecuencia son las que valen la pena, las demás hazlas a un lado. Verás cómo las cosas que no se te daban comenzarán a fluir y conectarás con esta gran frecuencia de positivismo.

Escribe una carta a tu alma

Escribe a tu alma cómo te gustaría ser, qué te gustaría hacer y tener. Permítete soñar, como cuando eras niño. Cómo te verías en un año, en cinco años y hasta en 10 años. Esta carta debe ser de autorreflexión. Va dirigida a tu alma porque ahí es donde se encuentra tu don. Escribe con pasión, que cada letra, oración o párrafo produzca un efecto retumbante dentro de tu corazón y te permita escuchar por primera vez lo que en realidad quieres hacer. Muchos consideran esto una pérdida de tiempo, pero tienes que darte un espacio para comenzar a existir. Cuando la escribas, recuerda tener en mente qué quieres proyectar de ti al mundo. En otras palabras, qué es lo que venderías de ti. Ahí encontrarás la clave para enlazar tus talentos y sentirte como pez en el agua, disfrutando lo que más te apasiona hacer.

Lo ideal es que esta carta se realice en un lugar de alta vibración y con una gran apertura con la naturaleza: frente al mar, conectado con el aire puro de la montaña o en un sitio donde te sientas relajado por completo y en confianza con tu alma. Te recomiendo que esa carta la escribas en un papel en blanco, con tinta o pluma, pues de esta manera enfocarás toda tu fuerza vital con este propósito. Es muy distinto cuando escribes con lapicero que cuando escribes con pluma. El trazo de la pluma es completamente diferente y te proyecta a lo que más quieres hacer. Por eso los chinos y los japoneses utilizaban pinceles, porque se dice que lo que escribe no es la mano, sino el alma.

Recuerda que ahora es el momento para comprometerte con tu misión. No esperes que el tiempo pase. El Universo en este instante te está dando una oportunidad. ¡Aprovéchala al máximo!

FENG SHUI PARA ACTIVAR TU MISIÓN COORDENADA NORTE

El norte es la primera coordenada en el Feng Shui, en ella se trabaja la misión de vida. La misión de vida es la que rige el camino que tomamos. Cuando estamos en perfecta armonía con ella fluimos con naturalidad. Por eso en el norte se activa el elemento agua, los colores azul y negro y las formas onduladas. Todos estos rasgos son los que te permitirán decorar tu hogar en esta coordenada. La misión de vida es intrínseca a nuestra alma.

En el norte de tus espacios, ancla la energía de la misión de vida colocando esa carta junto con una fotografía en donde estés feliz, en un marco negro o plateado. De esta manera activas el norte en tu vida, consagrando el comienzo de todo tu crecimiento. Ahí puedes utilizar el simbolismo de la tortuga, un animal de gran constancia y longevidad; al centrarte en su figura atraes esa suerte a tu propósito. Completa esta conexión en tu hogar con una bandeja plateada con monedas nacionales e internacionales. De esta manera te asegurarás de que la energía siempre esté en movimiento.

En el Feng Shui el color negro representa la profesión, la misión de vida.

Tu clasificado

Otro ejercicio que recomiendo es que escribas tu clasificado. En mis consultas ayudo a las personas a redactar su anuncio de clasificado. A quienes han hecho este ejercicio les ha ido muy bien. Cuando la gente está buscando empleo lo primero que hace es buscar uno donde cree que puede desempeñarse. Creo que todos lo hemos hecho en alguna ocasión, pero resulta que casi nunca aparece el clasificado perfecto, tal cual como uno lo quiere. De ahí que este ejercicio sea maravilloso para iniciar tu nueva vida en el desarrollo de tu don. Es sumamente sencillo, pero tan profundo como sea tu compromiso; lo que debes hacer es redactar tu clasificado perfecto, por ejemplo:

SE BUSCA

Profesional de... (área que desempeñas).
Con un salario mensual de $$$
(los honorarios que deseas).
Edad comprendida entre x y x años.
Horas de disponibilidad
(incluir ahí posibilidades de viajar y estar
con los seres que amas).

Coloca este clasificado dentro de la bandeja de plata o de metal que mencioné antes. Debe quedar cerca de la foto y la tortuga cabeza de dragón, la imagen o la escultura de una tortuga normal. Este ejercicio te permite consagrar la energía hacia el desarrollo del propósito que tanto anhela tu alma. Esta actividad la trabajo mucho con profesionales o personas que quieren formar parte de una gran empresa. También funciona para quienes desean ser grandes empresarios. En ese clasificado centra todos los detalles que deseas para que esté en unión con la carta al alma, que ya debes haber escrito. Ahora estás listo para iniciar este camino hacia tu conexión divina.

La idea es crear el clasificado dentro de los requerimientos que quieres. Por medio de éste atraes el lugar donde puedas activar tu don y te das permiso de aceptar lo que deseas realmente para ti. En este momento las energías comienzan a conspirar a tu favor. Con esto ocurre lo que reza la frase: "Cuando pides algo con toda la fuerza, todas las energías del Universo van a comenzar a canalizar tu petición". También Paulo Coelho habla sobre esto en su libro *El alquimista*, donde afirma: "Cuando tienes un sueño el Universo conspira para que lo logres".

La diferencia entre el deseo y la fe

No se debe confundir el profundo deseo por alcanzar algo con la fe. La fe se refiere a la conexión que tenemos con Dios (sobre esta cuestión profundizaremos en la segunda parte del libro al hablar de las energías yin). Este apartado se trata de la fuerza que atraes en tu vida cuando entras en conexión con tu don. La claridad, la voluntad, el amor que requieres para dar vida a los deseos más profundos en tu alma convocan indudablemente a Dios.

Estamos acostumbrados a conectar con la Divinidad para conseguir empleo; pero no es así, pues Dios ya está dándote permiso para hacer lo que quieras, el límite lo colocas tú. Todos los santos te van a dar el empleo perfecto. El que no se permite el empleo perfecto es uno mismo, cuando no sabes lo que deseas vas sin rumbo y cualquier camino es bueno, porque la verdad no sabes a dónde vas.

La responsabilidad está en ti

Todo el mundo sale de la universidad y automáticamente quiere ser empleado, sin pensar si quiere o no ser millonario. Y no hay ningún problema en ser empleado si así lo decides, como lo define Robert T. Kiyosaki en "la carrera de la rata" de su libro *Padre Rico, Padre Pobre*. No es que yo opine que nadie debe ser empleado, pero el que es empleado debe escogerlo y no simplemente serlo. Entiende algo desde ya, es tu propia responsabilidad comenzar la evolución de tu maravilloso don.

La responsabilidad inicia al darte cuenta de lo que te mueve, te gusta, en lo que fluyes con libertad y continúa contigo haciendo inversión para desarrollarte y mejorar. Debes tener cuidado de no estancarte porque ya te graduaste o porque crees que sabes lo suficiente. Siempre hay algo más que hacer.

La gente tiene un común denominador para sentirse cómoda en determinada forma. Te gradúas de alguna profesión para tener un salario mensual y olvidas cuál era tu sueño. Por eso te invito a que comiences a invertir de nuevo en ti: fórmate, publicítate, haz todo para que tu sueño tome fuerza.

El mundo se va moviendo a nuevas esferas,
y un ser que en verdad esté conectado con lo divino
se mantiene en plena evolución.

En mi caso, por ejemplo, lo fue el programa de televisión en su momento. Para tenerlo al aire tuve que volverme productor ejecutivo, sintiendo que podía invertir en mí mismo y hacerme mánager de mi gran sueño. Hoy el mundo dio un salto de lo analógico a lo digital, y nuevamente tuve que aprender de las nuevas plataformas digitales, de la tecnología, de la importancia de la inmediatez. El mundo se va moviendo a nuevas esferas, y un ser que en verdad esté conectado con lo divino se mantiene en plena evolución. Debes tener eso presente, porque el mundo no es estático, todo va cambiando. Hoy la transformación es más rápida y exige más de nosotros, porque el Universo nos está dando todo para que seamos plenos y en igual medida debemos darlo todo, si es lo que queremos recibir.

¡Pierde el miedo!
Los nueve pasos para tu gran transformación

Estás listo para avanzar, toma en cuenta los siguientes puntos que reflejan cada uno de los pasos que vamos a recorrer juntos mientras lees estas páginas. El mundo no se detendrá, no esperará, te toca tomar las riendas y enfocarte en tus sueños. Te entrego los nueve pasos fundamentales para desarrollar tu don. Tengo plena conciencia de que te beneficiarán. Ponlos en práctica y verás cómo toda tu vida se encauza hacia el milagro. Te encontrarás sonriendo, sintiéndote satisfecho y feliz en tu día a día. ¡Sigue adelante con fuerza y energía!

1. No olvides el propósito. Es fundamental conocer el objetivo o meta, trazar un plan para cumplirlo y enriquecerlo sin cambiar nuestra seguridad para alcanzarlo.
2. Cultiva siempre tu autoestima. Para alcanzar tus objetivos, es necesario conocerte de manera profunda: lo que vales y lo que eres capaz de hacer.
3. Sé visionario. No se refiere a predecir el futuro, sino a saber dónde estaremos en un futuro de acuerdo a nuestros conocimientos y habilidades.
4. Contribuye con otros. Tener conciencia de que todo lo que emprendamos será útil para nosotros, nuestro equipo de trabajo o nuestra comunidad.

5. Comprométete. Cumple tu compromiso, la promesa que nos hacemos y que sabemos que debemos cumplir.
6. Sé respetuoso. Es importante respetar tanto los objetivos o ideales propios como los de los demás; una cosa es crecer superando cada obstáculo con integridad y otra crecer "por encima de los demás". Un líder tiene capacidad de delegar responsabilidades, solucionar problemas e involucrar a su equipo para trabajar de manera amena. Un "mal jefe" tiende a estancarse y estancar los proyectos en equipo, por cumplir solamente sus objetivos.
7. Crea. Es pensar en tu objetivo desde varios puntos de vista. Identifica lo que requieres y da ese "plus" que puede generar innovación o sorpresa.
8. Crece. Conéctate siempre con los recursos necesarios para cumplir tu proyecto de vida y aprende para mejorar tus habilidades y destrezas.
9. Lidera. El liderazgo no es algo que se da en la gente o surge al obtener un "puesto" de líder, el liderazgo es algo que se hace con la gente y que requiere de valores, pasión y entrega por lo que se hace. Es "vivir" y no solamente "existir".

Dirige tus acciones para que conectes el milagro

Desde mi amor te entrego este esquema de motivación para que descubras todo lo que deseas y te apasiona.

Explora tus talentos y cumple todos los proyectos que tienes en mente. Sólo necesitas organizarte, ser disciplinado y constante. Conecta la motivación que nace desde tu interior; encamina tus esfuerzos y activarás ese maravilloso milagro de la prosperidad.

El norte: conecta tu misión

Antes de continuar, responde:

¿Quiero vivir conscientemente el gran milagro en la realización de mis sueños? Escribe tu plan.

¿Realmente me dedico a lo que me gusta?

¿Estoy listo para pagar el precio de ser un ser positivo? ¿Cómo invierto en mi crecimiento personal?

¿Cumplo con mi misión de vida? Escribe tres anotaciones clave que haces a diario.

¿Cuánto tiempo, esfuerzo y dedicación invierto en mi profesión u oficio?

Mantente en buen estado físico

¿Qué actividades físicas te propones realizar durante el año para mejorar tu salud integral?

¿Qué vicios tienes? ¿Qué vas a hacer para eliminarlos?

Vence el miedo

¿A qué le temes?

Para dejar los miedos a un lado te aconsejo que realices la quema de miedos que encontrarás en la página 81.

Que nada interfiera con tu paz interior

Analiza qué te perturba, qué te deprime, qué te causa rabia o frustración. Escribe todos esos aspectos y cómo puedes solucionarlos. Ábrete a la capacidad de perdonar a los que te han causado daño.

Enfrenta la crisis como algo normal

¿Tuviste que enfrentar algún obstáculo o proceso difícil en tu infancia o adolescencia?

¡Acciona!

Ahora que tomaste tiempo para analizarte, escribe cinco objetivos por cumplir durante este año, junto con su respectivo plan de acción.

1. ______________________________

2. ______________________________

3. ______________________________

4. ______________________________

5. ______________________________

Define qué es lo que te inspira

Señala tus motivadores o personas que te inspiran.

Establece prioridades

Ahora encárgate de organizar y jerarquizar los objetivos por cumplir. De la planificación se deriva el orden, el equilibrio y la armonía en cada actividad.

Planifica a largo plazo, planea y concreta a corto plazo.

Encuentra tu estímulo

¿Qué te apasiona y te inspira a lograr esas metas inmediatas que deseas?

____

____

____

____

Practica la autodisciplina

Escribe cinco acciones en las que aplicas la autodisciplina.

1. ____

____

2. ____

____

3. ____

____

4. ____

____

5. ____

____

Premia tus esfuerzos

Escribe cinco de los premios que te has dado en recompensa a las metas logradas.

1. ______________________________________

2. ______________________________________

3. ______________________________________

4. ______________________________________

5. ______________________________________

¡Celebra!

¿Cómo celebraste tu sueño cumplido? Cuenta tu anécdota.

2

AMOR

La fuerza más poderosa del mundo es simple y hermosa. Se llama amor. Ésta es una fórmula sencilla con la cual no hay por qué romperse la cabeza buscando respuestas complejas al mundo o a la vida. El amor en sí es la respuesta. Es el gran poder universal que genera la vida y la belleza dentro de cada corazón. Con este sentimiento todo fluye de manera armoniosa y perfecta, tal como corre el agua en un río. Tal como las aves logran alzar el vuelo y las estrellas brillar en la noche. ¿Te parece cursi? Puede ser, pero es que el amor es la primera energía que mueve al mundo. Nada puede funcionar si en su esencia de creación no existe o existió el amor en algún momento. Toda vida fue originada gracias al amor, la segunda forma en que manifestamos el milagro de la vida. Entregarse al amor es la gran salvación, es magia pura, es vivir en el plano de lo divino. La entrega última y absoluta.

En la mayoría de los casos, cuando las personas tienen claro cuál es su misión de vida, le dedican mucho tiempo, lo que tal vez puede convertirlas en seres solitarios. La tendencia es que el hecho de saber que nacieron con un gran talento las lleva a actuar con egoísmo o arrogancia y, por ende, les cuesta relacionarse con sus pares. Es por esta razón que no todos cruzan al segundo nivel, porque la decisión contundente para dar ese paso es el querer relacionarse con su propio contexto de vida.

Mientras que en el primer nivel te rendiste ante ti mismo, aquí tienes que abrirte a compartir con alguien tu vida, para que así alcances la satisfacción que da la entrega mutua de convivir en pareja. Esta entrega marcará la diferencia en tu vida. Para que esto ocurra, tienes que abrirte a recibir y dar amor. Pero, ¿cómo se hace esto?

> El amor ofrece el camino de la mínima resistencia al cuidar, nutrir y proteger lo amado.

¿Qué es el amor?

Amar es el acercamiento máximo entre dos almas. Es la afinidad con todas aquellas fuerzas que asocias como maravillosas y que tu propio ser logra identificar como un gran gozo en tu alma. Es aquella energía que no encuentra lugar para la maldad porque sólo genera estímulo positivo, progreso, crecimiento, vida, unión, tolerancia y paz.

El amor ofrece el camino de la mínima resistencia al cuidar, nutrir y proteger lo amado. Pero, ¿cómo podemos comenzar a dejar fluir el amor en nuestra vida? ¿Cómo amar cuando somos agredidos a diario? Éste es un trabajo intenso dentro de cada uno de nosotros que obedece a nuestro proceso de vida. Lo ideal es que mientras más amor logremos rescatar dentro de nuestros corazones, tendremos un arma cada vez más potente para combatir lo que no es amor. Cuando te agredan piensa en el amor que le tienes a tu madre, a tu pareja, a tus mascotas, a tus plantas y, en general, a la vida. Piensa en el beso que te dio tu hijo esta mañana. ¡Verás cómo sacas eso que no es amor!

> Ámate, mímate, diviértete, consiéntete, cuídate.

Si quieres recibir amor, regálate amor

Para generar amor, debemos comenzar por amarnos a nosotros mismos. Olvida todos aquellos prejuicios y viejas costumbres que muchas veces fueron albergados en tu forma de pensar gracias al entorno familiar y a la sociedad. Ámate, mímate, diviértete, consiéntete, cuídate. El que asumas el control de tu vida y decidas desde tu corazón no te hará egoísta, como te han hecho pensar siempre. Al final harás lo que tu corazón te dicte y te haga sentir feliz y en paz. Descubre la felicidad dentro de ti para que puedas generarla a tu alrededor. Jesús, el gran maestro del cristianismo, dijo: "Ama a tu prójimo como a ti mismo"; y Buda, la gran deidad de la cultura oriental, dejó en sus enseñanzas una sola premisa que lo resumía todo en una palabra: amor.

> Quiero que te brindes la oportunidad de trabajar cada nivel para que puedas ir encausando tu milagro.

Para amarte debes comenzar por tus orígenes. Con esto me refiero a tus padres y familiares, así como también a las personas que formaron parte importante de tu pasado, como tus exparejas. Puede ser que hayas vivido situaciones muy fuertes, pero de igual forma debes comenzar a sanar. Gracias a Dios, hay muchas formas de lograrlo, pero cada persona tiene que identificar cuál es la ideal. Yo recomiendo mucho que te reencuentres con estos seres que quisiste tanto, los reconozcas y los agradezcas. Dales las gracias por haber estado en tu vida. Si no llegas a tenerlos frente de ti también puedes escribirles una carta. Tampoco es necesario recibir una respuesta de esas personas, lo importante es que integres todas estas experiencias vividas en tu alma, comprendas lo que te dejaron y te des permiso de seguir adelante.

Si no te amas, no puedes sentir amor por los demás.

Nuestros patrones de amor

Al mencionar a los padres, hay un tema que no puedo dejar de tratar, y que es básico para abordar al amor de una forma armoniosa. En la mayoría de mis consultas me encuentro con personas que tienen problemas con algunos de sus progenitores. Cuando les pregunto cómo ha sido la relación con sus padres, estallan muchas bombas. Tienes que redefinir este hecho, porque cada uno de nosotros es un milagro producto de la unión de dos seres bellísimos que se cruzaron e hicieron un acto de amor. El ser humano no puede nacer sin un gramo de amor, haya sucedido como haya sucedido.

En los países latinoamericanos hay un número enorme de hijos de padres divorciados. La familia latina está muy marcada por la separación. En el ámbito global hay muchos miedos que evitan a las personas rendirse al amor, porque es visto como un concepto romántico, fantasioso o mágico. Lejos de lo más racional en el que el mundo occidental quiere vivir. Por esa razón, recomiendo las Constelaciones familiares, técnicas que aprendí de Carola Castillo, una persona muy especial y que hizo *reencuadrar* el amor en mí. Gracias a ella supe cómo se conectan nuestros hilos de familia. A mí en lo personal me ayudó mucho porque me permitió reconocer el amor en cada una de mis generaciones.

El gran regalo de mi mamá Luz Marina

Mis padres se separaron al principio de mi vida y yo no volví a ver a mi papá por muchos años. Por esa razón, desde que llegué a Venezuela en 1998, cuando me interné de lleno en todo este mundo de desarrollo personal, le dediqué gran parte de mi energía a sanar el asunto de mi padre. Entre las diferentes terapias que realicé y que me ayudaron se encuentran el Renacimiento, el conectarme a través de la meditación del Merkabak, un gran taller llamado Flor de la Vida, entrenamiento para terapeutas y la escuela de Constelaciones familiares que, entre otras, me ayudaron a avanzar en ese gran proceso de perdón y de reconciliación conmigo.

Pero algo marcó la diferencia. Un día mi mamá escuchó a Alicia Hung, amiga y profesora de mi escuela de Feng Shui. En esa clase, Alicia habló del concepto de papá y de mamá y de lo favorable que resulta colocar sus imágenes (fotografías) en nuestra vista, porque eso producía un efecto de bienestar en el hijo, ya que le otorga una especie de liberación de los conflictos que pueda tener con sus padres.

Una semana después, cuando fui a desayunar con mi mamá, me dijo que me iba a dar un gran regalo. Ella tenía una fotocopia de la cédula de mi papá de cuando él tenía 18 años. La llevó a un estudio fotográfico, donde la ampliaron y la convirtieron en una gran foto. Éste fue su regalo, y me dijo que quería que la foto de mi papá me acompañara con la de ella. Mi papá me buscó en los primeros años de mi vida, como hasta los 15 años, todos los diciembres.

En aquellos tiempos mi mamá me preguntaba si lo quería ver y yo le decía que no, porque verlo significaba para mí una traición hacia ella y hacia mi papá de crianza que se llama Sergio, a quien honro y quiero. Cuando mi mamá me dio ese regalo, fue como si ella me hubiera abierto las puertas para que fuera a ver a mi verdadero papá. Ese día lloré mucho y sentí que se completó algo en mí. Lo curioso es que sólo era una foto, una maravillosa señal que me reencontraba de nuevo con el gran amor que me dio la vida.

> Los padres influyen en cómo uno se relaciona con el amor, porque ellos son el primer modelo o prototipo de pareja que tenemos.

Ordenando el acto de amor de papá y mamá

Esto me ayudó a darle una gran transparencia y tranquilidad a mi alma, razón por la cual te lo recomiendo para que lo pongas en práctica. Te invito a que coloques frente a tu cama la foto de tu papá a la derecha, la de tu mamá a la izquierda y la tuya al frente de los dos, sintiendo el apoyo que ellos te dan. En mi caso, cuando los vi ahí junto a mí valoré el amor que hubo entre ellos dos por encima de todo lo demás, pude ver con claridad que su divorcio es algo que les pertenece a ellos y que yo debo respetar porque sólo soy el hijo de los dos.

Por eso considero como una gran oportunidad todas las terapias que trabajan en las personas esas situaciones que vivieron de niños, de adolescentes y de jóvenes con sus padres, porque eso marca mucho el desarrollo de la personalidad hacia nuestro futuro. Los padres influyen en cómo uno se relaciona con el amor, porque ellos son el primer modelo o prototipo de pareja que tenemos.

> Cuando sanes a tus padres dentro de tu ser
> los volverás a unir en tu propio acto de amor.

Del comportamiento de nuestros padres tomamos formas de actuar. Ellos marcan patrones muy fuertes en nosotros, repetimos sus historias de manera inconsciente porque es la forma de honrarlos o de conectarnos amorosamente con ellos. Con estas terapias nos damos cuenta de que con este accionar podemos estar conectados con ellos de una forma errada, pero también nos dan la oportunidad de comenzar a honrarlos de manera consciente, porque si lo hacemos así ya no hay necesidad de hacerlo de forma inconsciente. Cuando sanes a tus padres dentro de tu ser los volverás a unir en tu propio acto de amor, para que también te fusiones con alguien y compartas tu vida, en especial tus sueños.

Crea tu propia fórmula

Aprende a distinguir y darle la importancia que merecen los roles que ejecutas. En la vida muchas veces tomamos las cosas como cuando nos bebemos una merengada. Esta bebida tiene varios ingredientes que no vemos y tomamos todos juntos de forma inconsciente. Así vive un gran porcentaje de la población mundial, toman la vida en una misma porción, la familia, el trabajo y otra cantidad de facetas, sin concientizar lo que está sucediendo con cada una de ellas. Con este libro te invito a que armes tu fórmula y así estés consciente de cada ingrediente y qué representa cada uno de ellos. Quiero que te brindes la oportunidad de trabajar cada nivel para que puedas ir encauzando tu milagro, que no es otra cosa que "la construcción progresiva de tu prosperidad".

No hay fórmulas para hablar de amor y relaciones. Al observar parejas de cualquier tipo notamos que cada una tiene una manera diferente de compartir. No existe una gran clave para conseguir tu amor de pareja, pues el amor puede venir de mil formas. Tampoco hay una fórmula mágica para convivir con otra persona; cada relación es única e irrepetible, al igual que los protagonistas de la misma. Lo que sí es cierto es el gran miedo al que nos enfrentamos diariamente para abrirnos al amor. Éste es un asunto social que nos ha llevado a que la mayoría de la población se queje de la soledad. El porqué de esta situación es muy sencillo de explicar y comprender, y es que en la vida hay dos grandes energías: la del miedo y la del amor. Son dos energías que se contraponen, y por esta razón es muy importante enfrentar tus miedos para que puedas acceder al amor. Un corazón lleno de miedo no se da permiso para amar.

> No existe una clave para conseguir amor de pareja, el amor puede venir de mil formas.

Quema tus miedos

Para abrirte al amor, es importante concientizar tus miedos y hacerlos a un lado. Es muy útil que te hagas esta pregunta: ¿Qué miedos tengo acerca de conseguir mi pareja perfecta? Es un buen ejercicio escribir tus respuestas a esta interrogante en una hoja en blanco. Te recomiendo que dejes que tus miedos fluyan, siéntete libre de expresar todo lo que se te venga a la cabeza.

En su mayoría, las respuestas a esta pregunta provienen de la inseguridad que nos genera el amor. Algunos ejemplos son: "que me vuelva a quedar solo", "que mi pareja abuse de mí", "que me sea infiel", entre otros. Es por esto que, en muchas ocasiones, la energía del amor está perturbada por la del miedo. De manera inconsciente la relación amorosa ideal nos activa los aspectos negativos que ésta podría implicar y por eso le tememos.

Al finalizar, lee la carta con mucha atención y luego quémala con una vela blanca. El fuego es un elemento que siempre se ha considerado como símbolo del alma. Desde que nuestros ancestros aprendieron a hacer fuego, la llama se ha venerado como esencia de la Divinidad porque intensifica nuestro reconocimiento por nosotros mismos, activando la transformación de nuestros ideales y generando la trascendencia del ser.

Si no enfrentamos y superamos nuestros miedos ocurre algo parecido a cuando entra una serpiente a una habitación en la que hay varias personas: el reptil se dirige a quien tiene más miedo. El aura del miedo tiene un color, una vibración e incluso en nuestros cuerpos, un olor particular. En la naturaleza, por ejemplo, los animales feroces como los tigres o las hienas sólo acechan a los animales más ancianos y pequeños de cualquier manada, porque al saberse débiles estos animalitos exudan olor a temor. Ellos son detectados a través del olfato por el miedo que transmiten, convirtiéndose en una buena presa para cazarla. El miedo es una energía que se huele en el reino animal. La única manera de desintegrarla es permitirse sacarla emocionalmente, así nuestra aura cambiará a otra frecuencia energética.

> Las personas seguras de sí mismas destacan de manera particular, de igual manera aquellas que están temerosas obtienen cierta posición en nuestra sociedad.

El amor tiene vibración y aroma

El amor tiene su propia frecuencia y vibración, incluso su propio aroma. En nuestra sociedad hemos dado paso a las colonias y otros artificios para oler y decorarnos más a gusto de nuestra posible pareja, pero bajo todo eso sigue estando ahí nuestra esencia particular. Las personas seguras de sí mismas destacan de manera particular, de igual manera aquellas que están temerosas obtienen cierta posición en nuestra sociedad. Por lo general estas últimas se retraen, son tímidas y temerosas. Nuevamente el miedo juega un papel importante en cómo nos relacionamos con los demás.

En el amor pasa lo mismo. Cuando sales en su búsqueda debes estar muy consciente de qué miedos tienes para entender mejor lo que has atraído y atraerás a tu vida amorosa. La dinámica resultante podría ser así: el hombre que tiene miedo a conseguir una mujer que lo cele mucho, o una que se aproveche de él en el aspecto económico, tiende a encontrarse a personas de este perfil. Mujeres celosas o interesadas. Las mujeres que temen encontrar hombres que temen al compromiso, consiguen hombres casados, comprometidos o inmaduros, incapaces de ser francos y entregados en una relación. Estas personas atraen lo que más temen sin darse cuenta y luego no entienden por qué tienen tan mala suerte. Ésta es la importancia de hacerte consciente de quién eres, de tus miedos y deseos.

> En el amor pasa lo mismo, cuando sales en su búsqueda debes estar muy consciente de qué miedos tienes para entender mejor lo que has atraído y atraerás a tu vida amorosa.

Ten en cuenta que esos miedos vienen de experiencias pasadas, lo que ocurre es que tendemos a tomar una actitud orgullosa y pensamos que ya hemos superado todo lo vivido. Esto es parte de nuestro ego. A veces son experiencias familiares con las que sin querer nos hemos vinculado. Por eso la observación de tu voz interior, de los deseos de tu alma es tan importante. Muchas personas buscan una relación de pareja con el anhelo de llenar una carencia que tienen, para que el compañero de vida les dé lo que les hace falta. Por ejemplo, si se sienten solos, buscan cualquier relación, y de esta forma no se puede contactar al verdadero amor.

Otro ejemplo terrible es cuando una persona con necesidades económicas pide conseguir una pareja millonaria. Se escucha mucho en broma: "Pero que sea rico". Quiero que reflexiones qué energías estás moviendo en ese instante, si llegas a repetir esa frase u otras de las tantas que sólo se repiten de forma automática. Entiende que lo que pidas usando todas esas frases es lo que atraerás. En tu propia evolución consciente vibrarás en equilibrio con lo que pidas. ¡Acuérdate de esto!

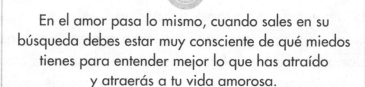

Cierra los ciclos de tus relaciones pasadas

La gran tendencia que tenemos es a repetir situaciones que se han vivido antes, porque no cerramos los ciclos y llevamos a la nueva relación el temor, el dolor o la rabia de lo vivido. Lo único que no llevamos es al amor, y así desde el inicio condenamos cualquier oportunidad que podría ser hermosa. La clave para cerrar tus relaciones pasadas es el perdón y el reconocimiento. También es muy importante que tus exparejas te perdonen a ti, porque de lo contrario seguirás arrastrando esas relaciones energéticamente. Esto no implica que debes seguir sufriendo o sintiéndote mal por ellas, simplemente puedes cerrar el ciclo pidiendo perdón y reconociendo tus errores. Comprendiendo que ambos son humanos, que entraron en situaciones poco provechosas y que ahora se pueden dar permiso de seguir adelante liberando lo ocurrido en su alma y corazón.

Vivo en Dios, y Dios quiere lo mejor para mí.

Perdonar te hará libre

La clave para cerrar los ciclos es el perdón. A veces somos crueles con los otros y con nosotros mismos; nos autocastigamos, nos flagelamos y mendigamos amor. En estos casos no tenemos presente nuestro valor y sin llegar a rendirnos ante esa fuerza tan maravillosa, sin tener presente la mismísima sencillez de nuestra alma, hacemos ruegos desconociendo qué es lo que en realidad estamos pidiendo.

Si no hemos perdonado, ¿cómo pedimos amor? Pedimos amor desde la desdicha o el resentimiento, y así le pasamos la factura de nuestro dolor a aquel que llegue a nuestra vida. Hay muchas terapias que nos llevan a buscar el perdón. Te recomiendo que apliques la que para ti sea la mejor, para que perdones desde tu corazón, aunque consideres que hayas o te hayan hecho mucho daño. Esto es muy necesario para que te abras a esta gran energía y te permitas bajar de la mente a tu corazón.

> La clave para cerrar tus relaciones pasadas
> es el perdón.

Me entrego al amor

Si en el pasado atravesaste una situación difícil que te haya dejado rabia, rencor o resentimiento por alguien, te invito a que realices la terapia que te presento a continuación. Este ejercicio te ayudará a cerrar los ciclos energéticos que todavía tienes con esa persona.

Busca dos sillas. En una te sentarás tú y en la otra visualizarás a la persona hacia la que sientes resentimiento. Ahora concéntrate y dile esta frase:

El Cristo que habita en mí saluda y bendice
al Cristo que hay en ti.

Te perdono por todo el daño que tú me has hecho en esta vida y en vidas anteriores. Te reconozco, te agradezco y te pido perdón por todo el daño que te he hecho en esta vida y en vidas anteriores.

Después de pronunciar estas palabras, puedes desahogarte de todo lo que sientes, recuerdas o piensas acerca de este ser. Háblale a esa persona como si la tuvieras enfrente y dile todo lo que tienes guardado dentro de tu alma. Al finalizar tu diálogo dirás:

¡Gracias y te bendigo!
Padre, hágase tu voluntad y no la mía.

> Mientras más sano mi alma, más progreso en la vida. Cuanto más reconozco mis sombras, más me acerco a la luz.

La petición

Una vez que hayas trabajado esos escenarios del pasado, puedes pedir a tu pareja perfecta. Te aconsejo que lo hagas en un papel rojo y que escribas con tinta. Esto lo debes hacer en un contexto romántico, lo ideal sería en una noche de luna llena. La fuerza de esta luna es maravillosa porque despierta la emoción más pura en el ser humano. Esta fase hace que los sentimientos de tu corazón más resguardados estén a flor de piel. En ese momento describe a ese ser que quieres que llegue a tu vida, física, emocional y espiritualmente.

Es muy importante que cuadres tu petición tomando como referencia la palabra "nosotros". Pide así: "Que nos amemos", "viajemos juntos", "compremos una casa hermosa", "vivamos felices y en armonía". Presta mucha atención a lo que ahí escribes. Toma en cuenta el más mínimo detalle. Lo que estás escribiendo es un acuerdo contigo y el Universo, es más importante que cualquier documento que hayas firmado o vayas a firmar. Se trata de tu proyecto de vida. Es tu alma y corazón lo que estás exponiendo ahí. Te contaré de un caso que tuve hace años.

> Ana[1] era mi cliente y habíamos trabajado por un tiempo; cuando hizo su carta, me pidió que se la leyera. Le pregunté si estaba consciente de lo que había escrito y me respondió con firmeza que sí. La carta decía: "Yo me abro a recibir a mi pareja perfecta. Un hombre que sea alto, buen mozo, que haga el amor muy bien, que viaje mucho, que tenga clase y que tenga mucho dinero". En resumen, eso fue lo principal, entre otras cosas que expuso ahí. En tres meses el Universo le entregó al hombre de su petición, un empresario, proveniente de una familia poderosa, y ella se sintió realizada por completo. Sin embargo, a los dos meses de conocerlo volvió a la consulta hecha un mar de lágrimas. Me explicó que a él no le gustaba el matrimonio, que

[1] El nombre se cambió para proteger su privacidad.

no quería niños, que se la pasaba viajando y no la llevaba. Para colmo, ella no le gustaba a su familia porque eran de alta sociedad y ella no encajaba en su grupo social.

> La carta, como todo lo demás en la vida, es un reflejo de lo que pensamos, sentimos y creemos.

Hay que ser coherente con lo que se pide y estar muy conscientes de estas peticiones porque el Universo manda lo que le pedimos. Debemos comprender la importancia de lo que escribimos en esa carta, pero también tenemos que estar conscientes de lo que rige nuestro pensamiento. La carta, como todo lo demás en la vida, es un reflejo de lo que pensamos, sentimos y creemos. Los paradigmas que nos mueven en nuestra forma de pensar es lo que gobierna la realidad del mundo que nos rodea. Más adelante volveremos a conversar sobre esto en función del dinero.

Mi clienta luego me dijo que quería hacer la carta conmigo y accedí, con la condición de redactarla desde su corazón y no por lo que quería mostrarle al mundo, es decir, desde su ego. Ella escribió conscientemente lo que su alma quería y, al cabo de un año, se enamoró de otro hombre. Ahora están felizmente casados, tienen gemelos y en su evolución de vida se siente muy agradecida.

Ceremonia sagrada para pedir tu pareja perfecta

En la filosofía oriental la comunión entre la vida material y la vida espiritual es profunda. No sólo de manera teológica, sino que existe en su pensamiento un gran respeto por la energía de los astros y de la Tierra. En las historias chinas, cuentan las leyendas que en la luna llena habita el Dios del amor y del matrimonio. La astrología occidental coincide con esta idea, ya que ella considera que la luna es uno de los astros más influyentes en el caleidoscopio emocional de los seres humanos.

Aprovechando esta gran fuerza del Universo, existe una ceremonia especial que es muy poderosa para abrirte a conseguir y conectar las más altas vibraciones hacia el gran amor de tu vida. Se debe realizar por supuesto cuando la luna esté en su fase llena. A la medianoche, visita una playa hermosa, preferiblemente de aguas cristalinas, con una vestimenta completamente blanca. El color blanco genera una hermosa vibración que conecta la pureza y la nobleza de tu verdadero sentimiento hacia el amor por ti mismo y por lo que pedirás.

Cuando te encuentres en ese lugar a las 12:00 de la noche, le hablarás a la luna desde lo más profundo de tu alma. Libera todo pensamiento lógico, entrégate a tu alma, deja que fluya por ti la gran fuerza de la naturaleza. Observa la luna reflejándose en esa maravillosa agua y déjate inundar por sus vibraciones. Ahí en profunda conexión contigo, en la tranquilidad de la noche y arrullado por las olas, deja que tu amor te recorra y vibre por tu piel. Cuando sientas esa profunda conexión, comienza a expresar tus sentimientos.

Habla sobre tus relaciones pasadas, en especial las más significativas. Revisa profundamente en tu corazón lo que ha fallado con tus relaciones pasadas, acepta cuánto amaste a tus parejas o si no las amaste y sólo estuviste con ellas por ego, por miedo, como vía de escape o cualquier otra circunstancia. Sincérate con tu alma. Preséntale a la luna, o si lo crees posible, a la diosa luna o simplemente a Dios, a tus parejas previas. Comenta ahí cómo fue la relación de amor de tus padres; en ese instante sagrado deberás permitirte abrir tu corazón. En ese maravilloso momento y con la luz que te iluminará esa noche toma conciencia y date permiso de hacerlo distinto.

Pide, hablando con fuerza, pero sobre todo con amor incondicional la forma de abrirte a una relación en pareja. Ahí puedes leer en voz alta la carta que previamente escribiste en esas hojas de color rojo describiendo a ese ser (en su ámbito material, espiritual, sentimental, profesional, entre otros). Visualiza a la vez como si esta persona estuviera ahí a tu lado. Permite que toda la energía que se desprende por cada poro de tu cuerpo se proyecte por todo el globo terráqueo. La luna será la única testigo de ese abrigo de amor en el que envuelves a la Tierra. Luego de hablar y de haber expuesto con claridad tu petición agradece al Universo por la maravillosa oportunidad que te ha dado de sanar.

> Con la luz que te iluminará esa noche toma conciencia y date permiso de hacerlo distinto.

Prepárate para el amor

Muchas veces se está en pareja porque hay un compromiso con el colectivo, pero no hay un verdadero amor de por medio. Es básico que te plantees si ya te sientes listo o no para el amor. Esto es fundamental. En ocasiones creemos que debemos tener pareja por lo que dice la sociedad; frases como las que siguen son las que nos motivan: "ya tengo 30", "es el último tren", "eres tan guapo o tan hermosa y no tienes pareja", "estás perdiendo la juventud", "¿cuándo te vas a enseriar?" Muchas son las frases que desde afuera llegan y bloquean nuestra propia voz interior. Escucha a tu corazón, él sabe más de ti que nadie.

La sinceridad es clave en este proceso de apertura. Responde sinceramente: ¿Quieres una pareja? ¿Quieres vivir acompañado? ¿Estás dispuesto a dedicarle tiempo a esa persona? ¿Estás dispuesto a darte el tiempo de vivir el romance? Todas estas preguntas son clave. Entiende que no todos deben estar en pareja, que lo importante es ser plenos y estar satisfechos. Ahora, si es el deseo de tu corazón encontrar a ese compañero de vida que sea con el que vivas el amor más grande, la felicidad suprema, la alegría más pura y con quien estás dispuesto a trabajar en conjunto para su crecimiento individual y como pareja, pues sigue leyendo, te daré ciertas recomendaciones para que te prepares.

> La sexualidad es una forma de conectarse con Dios, de ahí viene el milagro de la vida.

Dulce limpieza corporal

Limpia tu cuerpo para el amor. Una de mis recomendaciones para esto es que te hagas un baño de frutas y miel. La sexualidad es una forma de conectarse con Dios, de ahí viene el milagro de la vida. Por eso debes preparar tu físico para poderte consumar con otra persona. Con tus manos pasa miel por todo tu cuerpo, extremidades, pecho y rostro. Siente cómo la dulzura penetra tu piel, siente la sensualidad en tu cuerpo. La sandía y las fresas son frutas con una gran carga sexual, con ellas también puedes darte un baño. Siempre pensando que eres un ser esbelto, perfecto, lleno de dulzura y calidez para entregar a esa persona que te amará. Mientras te estés dando este baño, te recomiendo que repitas afirmaciones de amor. Te doy varios ejemplos que aprendí de Louise L. Hay:

Yo [tu nombre] me amo completamente.
Mis relaciones amorosas comienzan conmigo.
En este momento me amo completa
y amorosamente.
Abro mi corazón al amor.

El amor hace milagros en mi vida.
El amor es la fuerza sanadora más poderosa que conozco.
Cuanto más amor doy, más tengo para dar.
Soy una persona digna de amor.

Este baño potencia tus centros de energía alrededor de tu cuerpo. Es importante que tomes en cuenta que puedes fundirte con otra alma sólo cuando colocas en tu escala de valores al amor antes que al sexo. Siempre es el amor el que va abrir las puertas del éxtasis y de lo divino. Por medio de la comunión de los cuerpos las almas están más cerca; de lo contrario, si no hay amor, la experiencia puede llegar a ser fría o no tener la energía que tu corazón ha anhelado.

¿Cómo está tu habitación?

Ahora es el momento de hablarte de cómo ese pensamiento, en referencia al amor, gobierna tus espacios. La preparación de tu habitación para el amor es una de las cosas fundamentales y de las menos tomadas en cuenta. En tu habitación debes sentirte relajado, cómodo y alineado a tus propósitos. Ahora el Feng Shui entra en juego. Desde un primer momento a mis clientes que quieren amor les pregunto si su habitación está preparada para recibirlo. Energéticamente hay que abrirle el espacio a la pareja dentro de la habitación, hay que darle cabida para que pueda llegar esa persona.

Es importante que toda tu decoración sea dual, por ejemplo: dos mesas de noche, cama matrimonial con dos cojines o almohadas, dos alfombras, dos lámparas y esculturas que representen a la pareja.

El cuarto tiene que estar preparado para que ahí pueda vivir tu gran amor (así esté en casa de tus padres, aunque no vayas a vivir ahí). Muchas veces se tiene la cama sola, sin mesa de noche, o se decora con cuadros o esculturas de figuras solitarias. Es importante que toda tu decoración sea dual, por ejemplo: dos mesas de noche, cama matrimonial con dos cojines o almohadas, dos alfombras, dos lámparas y esculturas que representen a la pareja.

Los colores de la habitación también importan. Yo recomiendo los colores cálidos, las tonalidades relajantes como ocre, beige o colores tierra, porque la tierra consolida y establece una gran relación. Muchas mujeres tienen su habitación pintada de rosa, un color no recomendable porque es la combinación entre blanco (metal) y rojo (fuego), que están en conflicto porque uno derrite al otro. En cambio, muchos hombres tienen su habitación de color azul, y el agua es una energía que ahoga y vuelve a la gente muy susceptible, sensible.

El cuarto tiene que estar preparado para que ahí pueda vivir tu gran amor.

FENG SHUI PARA CONSAGRAR EL AMOR
COORDENADA SUROESTE

En este segundo nivel es cuando tu corazón se abre para recibir y dar amor. Su coordenada es el suroeste y se encuentra dominado por el elemento tierra. Aquí se activan las formas cuadradas y toda la gama de colores ocres y marrones. Lo mejor que puedes hacer es ubicar en esta coordenada un par de lámparas rojas para centrar ahí la energía del amor.

Especialmente en esta orientación dentro de tu habitación o de tu sala puedes disponer de un punto focal para anclar ahí la energía del amor. Realiza un altar que te va a recordar de forma física los deseos de tu corazón. Ahí debes colocar la carta de la petición, una imagen de una pareja feliz, un par de aves de cristal o cerámica, un par de lámparas rojas, una piedra de cuarzo rosado previamente limpiado con miel y rodeado con una cinta roja para generar el lazo del amor. De esta manera atraes la fuerza del amor en tu hogar.

La gran oportunidad que brinda el Feng Shui es visualizar con claridad en dónde enfocas tu energía.

Equilibra tus espacios

En cada uno de tus espacios, sobre todo si se trata de un departamento de soltero, debes procurar equilibrar la energía. Esto significa que la decoración en tu hogar debe ser coherente con tus sueños. Coloca esculturas que representen parejas felices, pinturas que evoquen el amor u objetos duales. Cuida mucho los ídolos a los que honras, es decir, los pósters que tengas de la realeza, de personas famosas u otras evocaciones que estén relacionadas con historias de amor tortuosas o pasados tristes.

Equilibrando la energía de cada nivel en cada coordenada, como te mostraré en los siguientes capítulos, activarás el orden en tus espacios y por tanto te encaminarás a activar el milagro en tu vida.

La gran oportunidad que brinda el Feng Shui es visualizar con claridad en dónde enfocas tu energía. Por lo general las personas llenan sus espacios, igual que llenan su mente, recargando ambos de pensamientos u objetos innecesarios. Hacen sus hogares pesados o superfluos. La práctica de esta filosofía milenaria te permite no sólo decorar en alineación perfecta con la fuerza electromagnética de la Tierra, sino que te facilita hacer conciencia plena de cómo se materializan tus ideas. En palabras más sencillas, el Feng Shui te muestra claramente cómo construyes tu realidad a través de tu conciencia actual.

Si la respuesta es sí quiero amor y estoy dispuesto a amar, debes procurar sentir el amor en todas las formas.

Cuidado con los símbolos y colores

Si en tu hogar, por ejemplo, tienes paredes rosadas y decorados de tu infancia, es posible que eso indique que no quieras avanzar a una relación más madura. Si colocas un cuadro de una figura que ha tenido una relación tortuosa o tienes símbolos de aquellas canciones hermosas, pero con letras que aluden a la traición o a la soledad, pues entonces eso es lo que atraerás en tus relaciones. Incluso revisa muy bien si eres de aquellas personas que disfrutan de su soledad y les gusta tener sus espacios sin intervenciones externas. Observa si eres obsesivo con el orden o simplemente no quieres compartir tus cosas; ahí tienes una decisión que tomar. Responde: ¿En realidad deseo un amor en mi vida? ¿Bajo qué condiciones quiero ese amor?

Si la respuesta es sí quiero amor y estoy dispuesto a amar, debes buscar sentir el amor en todas las formas. Hay personas, grupos o situaciones que te hacen sentir amor. Rodeándote de ellos es cuando puede aparecer alguien que te conecte todas las frecuencias de la unión. Prueba ir a sitios nuevos. Una vez que ya tienes perfectamente claro el tipo de relación que deseas, busca los lugares coherentes en donde estaría esa persona. Atrévete a buscar personas y compartir actividades donde te sientas a gusto y en armonía con tus sueños.

Hacia una relación lograda

Las grandes relaciones, los amores épicos, existen en la vida real, pero comienzan y terminan con el entendimiento mutuo, con el respeto y la entrega. ¿Has escuchado eso de que los "opuestos se atraen"? Pues estoy aquí para decirte que no es tan cierto. Las mejores parejas tienen características comunes. A cada miembro le importa lo que hace el otro y procura que esté lo mejor posible. Cuidan de no recurrir a la comparación entre ellos, que termina generando la competencia que es tan nociva para la relación. Son comprensivos y amables, se complementan entre sí, pero también saben cuándo ser francos y advertir sobre las equivocaciones del otro, siempre desde el respeto y la humildad. Jamás buscan ser mejores que el otro, ya que esto daña totalmente la relación. A las parejas positivas automáticamente se les activa la suerte, porque la energía que producen dos seres en función de sus dones es prácticamente milagrosa.

Muchas veces las parejas perfectamente alineadas con sus dones y propósitos de vida emprenden proyectos en común que los hacen sumamente prósperos.

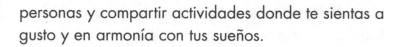

Cuando dos personas se enamoran y pasan dificultades económicas es porque no tenían claro su don individual, que es el explorado en el nivel anterior. Recuerda que nosotros no venimos a completarnos, sino a complementarnos; cuando cada ser tiene clara su misión en la vida logra engranar perfectamente con su pareja. Ambos se complementan y logran grandes cosas. Puede que el don de uno sea el dominante y el otro sea un apoyo al primero, pero si es acorde a la misión de servicio y liderazgo de cada uno en la pareja, entonces actuarán perfectamente en su propio y particular tic tac. Si en cambio alguno de ellos no está a gusto con el desarrollo de su misión de vida entonces la relación se verá afectada; he aquí la importancia de que vayamos tratando cada nivel en su jerarquía energética.

Cuando ambos están centrados en su misión de vida, que puede significar trabajar juntos o no, quedarse en casa o no, desarrollarse cada uno en su propio sector profesional, etcétera, las posibilidades son infinitas, pero siempre y cuando estén claros en sus deseos y actúen según lo que los haga felices, y entonces ambos serán prósperos. Muchas veces las parejas perfectamente alineadas con sus dones y propósitos de vida emprenden proyectos en común que los hacen sumamente prósperos. Realizar proyectos en conjunto ajenos al ámbito familiar es muy recomendable para todas las parejas, siempre y cuando se sientan a gusto. En especial aquellas que no pueden (o se les dificulta) tener hijos, como las parejas homosexuales.

Para concluir este nivel te quiero decir que el amor es la energía más poderosa del Universo; algunas filosofías creen que es la fuerza que nos mantiene a todos y a todo unidos y girando. Es la fuerza movilizadora del Universo, así que no temas a sentirlo, a entregarte a vivirlo con todas sus cursilerías. Es un mérito estar enamorados, sentir esas cosquillas en el estómago por las que vale la pena arriesgarlo todo. Lo más bello del amor es la entrega hacia el otro. Así que no le temas a estas sensaciones, ya que forman parte del sentimiento más elevado del ser humano.

Ama al prójimo como a ti mismo

El amor es más que un sentimiento, es una actitud. Amar es una acción, es una elección. Cuando amas desinteresadamente, experimentarás relaciones más profundas y satisfactorias. El gran error que todos cometemos es pensar que "ama a tu prójimo como a ti mismo" significa tener que amar a los demás y compartir con ellos más de lo que darías por ti mismo. A través de los años se ha creado la terrible noción de que debemos sentir poco amor por nosotros mismos. Pero no, no es eso; no se trata de que tengas que amar a los demás o que debas compartir con ellos más de lo que conservas para ti mismo.

La verdad de ese mensaje es que ames y te preocupes por los demás tanto como lo haces por ti.

Nadie puede dar lo que no tiene. Por eso antes de amar a otro tienes que tener muy claro lo que se siente respetarte y amarte a ti mismo. Curar las heridas del alma, perdonar el pasado, realinear a tus padres, todos esos procesos son necesarios para conocer el amor profundo por alguien más. Tienes que saberlo. Como dice Irene Orce: "No hay amor suficiente capaz de llenar el vacío de una persona que no se ama a sí misma".

Cuando nos amamos a nosotros mismos le damos prioridad a nuestra persona. No se trata de un egoísmo mal entendido, sino de la firme convicción de que cuando vemos primero por nuestro bienestar, podemos ofrecer bienestar a los demás. Las personas que se aman a sí mismas son conscientes de esto y desean emprender el viaje del amor desde el autoconocimiento.

Busca la raíz de tus creencias, tus valores, tus dudas y tus miedos, trata de comprender de dónde proviene tu sentido de la realidad y las percepciones que has cultivado en esta vida, incluso aquellas que te fueron impuestas por otros. "El amor saca lo que no es amor", empieza a partir de hoy a amarte en todas tus dimensiones y verás la vida desde otra perspectiva, tú tienes el poder de amarte.

Cuando aprendemos a amarnos, soltamos el miedo a perder, entonces comienza nuestro crecimiento como personas autónomas:

- Amarse es conocerse. No se puede amar lo que se desconoce. Poner conciencia en ese olvido que hemos hecho de nosotros es rescatarnos para la vida.
- Amarse es escucharse. Atender y cuidar nuestras necesidades.
- Amarse es abrirse. Liberar los condicionamientos que nos mantienen encerrados en nosotros mismos y atrapados en sentimientos caducos.
- Amarse es atreverse a ser quienes somos despojándonos de las máscaras que nos hemos colocado para agradar a los demás y conseguir su amor.

- Amarse es aceptarse con lo que nos gusta más, con lo que nos gusta menos, con todas nuestras capacidades y también con todas nuestras limitaciones.
- Amarse es hacerse responsable de nuestra vida aceptando lo bueno y lo malo.
- Amarse es vivir presentes y conscientes de nosotros mismos.

Estamos en este mundo para ser nosotros, para crecer liberados de nuestros condicionamientos y encontrar nuestro propio sentido, para alcanzar la realización de todo nuestro potencial humano.

Desarrolla a partir de hoy un fuerte sentido de respeto por ti mismo y por todo lo que haces, esto te ayudará a aprovechar tu máximo potencial, a consolidar relaciones saludables y a hacer que los demás te vean como una persona digna de respeto. Si realmente quieres respetarte, entonces tendrás que aceptarte y aprobarte a ti mismo por ser la persona que siempre soñaste ser. La decisión está en ti. Eres el único responsable de cómo te muestras y te vendes al mundo; empodérate, muestra aquello para lo que viniste a este planeta.

El suroeste: tu conexión de amor

Antes de continuar, responde:

¿Cuál es mi patrón de amor? ¿Qué pienso del amor?

____

____

____

____

¿Qué acciones tomo diariamente que indican que me amo?

____

____

____

¿Se encuentran mis espacios equilibrados para recibir el amor?

____

____

____

¿Me siento feliz con la pareja que tengo?

____

____

¿Cuánto tiempo dedico a fortalecer y a activar mi relación de pareja?

____

____

3

INTEGRACIÓN

¿Sabes cómo activar la suerte en tu vida? ¿Comprendes los paradigmas subconscientes que dominan tu proyecto de vida? Este capítulo abarca el tercero de los nueve niveles de vida para activar tu milagro. El tercer nivel representa la *integración* y trata de cómo aceptas toda tu historia, tu mundo y tus cualidades para ser un ser completo y satisfecho. La suerte no es más que toda nuestra fuerza alineada funcionando en armonía con el Universo. Cuando hacemos las paces con todo lo que somos, la suerte aparece. Aquí trabajamos la energía que, de una forma u otra, llegó a nosotros y cómo logramos la habilidad de multiplicarla y esparcirla. Es justo en este momento cuando se activa la suerte, porque ya tenemos clara nuestra misión de vida, así como también la importancia de compartirla, desde el amor, con alguien.

La energía del todo

Voy a mostrarte cómo la fusión de tu energía personal con la del grupo en el que has nacido o que te rodea atraerá a ti la suerte. Mucha gente busca la suerte afuera y ésta sólo puede nacer desde adentro. Hay que tomar en cuenta que todas las personas en el mundo tienen la posibilidad de tener buena suerte.

La filosofía del tao enseña que cuando te fusionas con el todo, el todo se fusiona contigo. Es por eso que cuando se alcanza la integración, todas las actividades y los seres que están alrededor de ti comienzan a generar la misma energía que tú proyectas. Justo en el momento en que aparece ese complemento y manifiestas tus dones, tu amor, el equilibrio del yin y el yang también se hacen presentes. Con esto quiero decir que, además de la luz que adquieres con esta conexión, hay una sombra que también debes reconocer.

Ambos lados de la moneda

Los pares de opuestos pueden ser reconciliados, porque son polaridades que forman parte de una sola verdad. Tesis y antítesis son idénticas en naturaleza, pero diferentes en grado. Espíritu y materia no son sino los dos polos de la misma cosa, siendo los planos intermedios meramente grados de vibración. Un ejemplo más concreto lo vemos en la escala de colores, que tiene en sus extremos el blanco y el negro. Puedes ver que entre ellos existe una diversa gama de tonalidades y matices, pero éstos conforman esa única y especial escala cromática. De ahí partimos de que lo bueno y lo malo son opuestos, pero sabemos que no es sino a través del mal que reconocemos el bien y viceversa. Un buen terapeuta, guía o maestro espiritual procurará siempre hacer llegar un mensaje clave a sus seguidores: no es sino desde nuestra oscuridad que hayamos la propia luz de la conciencia.

> El equilibrio y la armonía en tu vida sólo se pueden hallar reconociendo el desequilibrio interior.

Busca tu armonía y equilibrio

Ahora puedes entender que en los estados mentales, así como en los fenómenos del plano físico, los dos polos pueden ser clasificados como positivo y negativo. Pero ambos trabajan en conjunto en el Universo, en búsqueda de un equilibrio perfecto. Lo ideal para que encuentres tu propio equilibrio es entendiendo que, de lo que llamamos fracasos, tristezas y errores, se desencadenan la reflexión, la toma de conciencia y el valioso aprendizaje. De las pérdidas, los problemas y las enfermedades, suceden luego los encuentros, las soluciones y las recuperaciones. El equilibrio y la armonía en tu vida sólo se pueden hallar reconociendo el desequilibrio interior. ¿Para qué? Para sanarlo e integrarlo a tu vida sin necesidad de reprimirlo. Tu cuerpo, mente y espíritu pueden encontrar el equilibrio, pero partiendo siempre del reconocimiento del caos del ensayo y el error que componen lo que es la vida.

¿Actúas desde la paz o desde el egoísmo?

En este momento te invito a la reflexión con una gran pregunta, mi querido guerrero de luz: ¿Estás intentado apagar la luz de otros por mantener encendida la tuya? Quiero decirles que los hombres por naturaleza somos egoístas, siempre buscamos la manera de superar a los otros sin importar el daño que podamos causarles. Por eso la felicidad se escapa de nuestras manos y no conseguimos la paz interior que tanto anhelamos.

La mayoría de las veces sólo estamos pendientes de lo que hacen las otras personas. Nos levantamos y no queremos que nada bueno les pase a los demás, sino que toda la bendición llegue sólo a nuestra puerta. Pero al vivir de esa manera sólo estás apangando esa luz tan hermosa que hay en ti. Estás yendo por un túnel profundo y será muy difícil que camines por ahí.

Hoy abraza la felicidad, no te llenes de malas energías ni sentimientos negativos.

Así que, mi querido guerrero de luz, no intentes apagar la luz de los demás por querer brillar tú solo, en el Universo hay abundancia para todos. Hoy abraza la felicidad, no te llenes de malas energías ni sentimientos negativos. Ama a quien te hizo daño y alumbra el camino de quienes necesitan un poco de esa luz que irradias. No necesitas ser como nadie más porque eres un ser único y amado. Hoy el Universo te sonríe dándote una nueva oportunidad de hacerlo distinto.

Requieres un equipo

Para trabajar con tus sombras el perdón cumple el papel más importante. En el capítulo anterior trabajamos todo lo referente al perdón en el área del amor, así como también de cerrar los ciclos del pasado. Ahora quiero referirme al perdón de todo lo que nos rodea en función del amor por nuestros seres queridos, para llegar así a la sanación. Somos seres sociales, de ahí que nazcamos y nos relacionemos en comunidad, cuando nos centramos en construir nuestro preciado sueño, requerimos de algo que importa mucho y que a veces se olvida por el individualismo: un equipo, una familia...

> Cuando se alcanza la integración, todas las actividades y los seres que están alrededor de ti comienzan a generar la energía que tú proyectas.

Un sueño no puede hacerse realidad si no te integras con quienes te rodean. Siempre requeriremos apoyo en algún área y es ahí donde los talentos de aquellos que te aman pueden coordinarse para trabajar en equipo. Te recomiendo que verifiques tus grados de unión con quienes pueden apoyarte, comenzando por tu familia y amigos. En mi caso, siempre recuerdo a todos los maestros que requerí en el transitar de mi camino para evolucionar, hasta llegar al punto de estar en la capacidad de transmitir estas enseñanzas.

Integración con los tuyos

Mira a tu alrededor y analiza a las personas que han logrado el éxito. Todas, de una u otra forma, han tenido personas a su lado dándoles una voz de aliento, una voz de apoyo, haciendo énfasis en frases como: "Lo estás haciendo bien", "eres muy especial", "te amo", "sigue así", "tú puedes", "vamos, ánimo", etcétera. Un ejemplo ilustrativo que me encanta es el de mi compatriota Shakira, quien ha tenido una relación muy estrecha con sus padres y ellos siempre le recuerdan que están ahí para apoyarla.

Ella tomó la fuerza de su familia, la cultura particular de sus padres y logró impulsarse, aprovechando su talento único y maravilloso. Esto lo ha logrado porque ha sabido reconocer e integrar positivamente todo lo que ella es y de dónde viene. El reconocimiento de nuestras raíces, el apoyo del ambiente familiar, de amigos y equipo de trabajo es determinante en la construcción de nuestro sueño. Ésta es la razón por la que recomiendo a las personas que revisen sus relaciones y hago suficiente hincapié en los vínculos familiares.

En el primer capítulo revisamos la idea de que debemos reconocer nuestro don sin la presión de la tribu, el ego o el afuera. Nuevamente te lo digo, debes descubrir tu don y conectar tu misión de vida que nace directamente en tu corazón, pero ahora integraremos un nuevo concepto. ¿De qué se trata? Pues, una vez que tu propósito está claro en tu mente, comienzas a comprender y asimilar las enseñanzas, paradigmas, tradiciones o lecciones que forman parte de ti. En este momento debes abrirte al perdón y a la aceptación de tu historia.

Para muchos resulta difícil alcanzar la integración, y esto se debe en la mayoría de los casos a que sienten que provienen de estructuras desintegradas. Por tanto, piensan que la solución consiste en escapar de su pasado, donde también se incluye a la familia, cuando la verdadera solución consiste en reencontrarte con los tuyos e integrarte con ellos.

Es muy importante analizar cómo crees que ha sido la relación con tus padres. Según la idea que tengas del núcleo que ellos establecieron puedes obtener ciertas respuestas de lo que es para ti la integración y qué tan fácil se te hace aceptar lo que se necesita de los otros para alcanzar tus sueños. Este proceso comienza por comprobar cómo están en nuestra vida los grados de separación, porque a veces tendemos a aislarnos y no nos damos cuenta.

Lo importante es pedir ayuda para transcender si se da el caso de tener ese patrón.

Reencontrando a mamá y papá

Establecer la energía de nuestros padres en su correcto orden en nuestra mente y espacios es una de las principales tareas en el camino hacia la construcción de la prosperidad. A veces, tomar plena conciencia de este equilibrio requiere de mayor enfoque del que creemos. Razón por la cual el ejercicio que a continuación te presento es maravilloso. Se trata de colocar fotografías en donde estés acompañado por toda tu familia en marcos de madera, en las que todos estén felices.

Las imágenes reforzarán en tu mente la idea de que no estás solo en el mundo. Lo primero que debes reconocer es que desde tu nacimiento formas parte de un gran equipo llamado familia. Ellos forman parte de lo que eres, están en tu conciencia, en tu ADN y también en tu espíritu. Cuando los aceptas plenamente, desde su luz y su oscuridad, te das permiso de conocerte mejor y lograr tener paz en función de tus orígenes.

Honro a mi familia y ellos apoyan mis sueños.

No se trata sólo de la relación que mantienes con tus familiares, más allá de eso, la forma en que te vinculas con ellos marca la forma como te comportas en el mundo. Por ejemplo, cuando las personas tienen problemas para trabajar en equipo significa, en muchos casos, que tienen que revisar sus relaciones con sus hermanos. Este parentesco juega un papel muy importante, porque un hermano es la representación del primer aliado en equipo que te da la vida.

No sólo es importante estar rodeado de personas que te den aliento, para afianzar tu sueño requieres de personas que se identifiquen con ese mismo propósito. Personas que remen contigo en la misma dirección y te ayuden materialmente a cumplir tus objetivos. Esto es fundamental. Una persona sin aliados estará a la deriva.

Activa tu suerte

Nadie subsiste solo, ni se siente bien logrando las cosas en soledad. Somos seres llenos de afecto y deseosos de compartir ese amor. En la medida en que más sentimientos positivos desarrollamos por nuestra familia y amigos, más fuerte es nuestro vínculo con lo divino, lo mágico, lo misterioso. El porqué es muy sencillo, compartir nos hace solidarios, amorosos y bondadosos; es lo que nos permite vencer nuestro propio egoísmo. En este proceso hay que relacionar a la familia porque mientras mejor nos sentimos, mientras más acceso damos al amor en nuestra vida, más rápido se activa la suerte.

Hay familias que caen en el aspecto económico, pero así como caen se levantan. Porque en la unión encuentran todo lo necesario para avanzar y sobreponerse. Una buena imagen para observar lo que es una familia es una colmena de abejas, en donde se trabaja en función de un objetivo en común, un mismo propósito. Eso sí, esto sólo funciona de manera armónica cuando se trabaja en pro del reconocimiento del talento de cada uno de los integrantes.

En este sentido, la integración puede ser vista como el propio sistema solar, donde todo gira alrededor del Sol, pero los movimientos de los planetas inciden en los acontecimientos del Universo. Por ejemplo, el movimiento de la Luna ejerce una gran influencia sobre la Tierra y en las criaturas que habitamos en ella, en especial en nuestras emociones. Estas relaciones hacen una integración universal que energéticamente va sujeta a nuestras acciones. De esta manera todo el Universo manifiesta su fuerza y se hace la suerte que beneficia los proyectos de tu clan y de ti.

Mira tu entorno y verás quién eres

Como ya has comenzado a observar en este capítulo, para trabajar la integración importa mucho tu entorno, por eso es importante conocer bien el ambiente en que te desenvuelves: tu casa, habitación, oficina, en fin, tu mundo. Esto también implica estar atento a la hora de observar los elementos que forman parte de tus espacios. De igual forma como lo trabajamos en el nivel anterior en pro del amor, aquí el objetivo es que verifiques si esos objetos que te rodean coinciden con lo que quieres ser. De lo contrario, lo recomendable es que hagas ciertos arreglos para adaptar tu entorno y hacer que éste te apoye y te impulse en la consagración de tu prosperidad.

Es importante conocer bien el ambiente en que te desenvuelves: tu casa, habitación, oficina, en fin, tu mundo.

FENG SHUI PARA CONECTAR LA INTEGRACIÓN COORDENADA ESTE

Siempre es interesante para trabajar la integración observar tu cuarto, casa o cualquier sitio que habites. Suelo invitar a las personas a observar sus espacios porque todos los seres humanos somos, en esencia, un campo de vibraciones. Es por eso que siempre te conectas con lo que en realidad quieres atraer a tu vida. La energía consagrada aquí se ancla en la orientación este, su elemento es la madera y en ella las tonalidades verdes representan su fuerza. Esta coordenada tiene un gran poder, pues por ahí asciende todos los días el sol. En el este siempre podemos renovar nuestra energía como un nuevo renacimiento. Ubica en esta coordenada tu rincón familiar, para que su fuerza renueve y conserve la conexión de tus relaciones familiares. Coloca las fotografías de tus seres queridos, que aún están vivos, preferiblemente que estén abrazados y sonriendo. Puedes colocar una planta de hojas redondas, artículos decorativos de madera como aquella fotografía de ese familiar que se ha excluido de tu grupo familiar para integrarlo energéticamente con los tuyos y esto ayuda para que tu siguiente generación no ocupe el lugar de esta persona o se estén repitiendo los mismos ciclos en la historia de la familia.

En la práctica en este nivel lo ideal es ser coherente con tu decoración, por ejemplo, si quieres ser músico, convierte tu espacio como el de un gran músico, donde incluyas instrumentos musicales, fotografías y partituras, entre otros elementos; por supuesto, dentro del género en el que te quieres desarrollar. Es decir, si quieres ser artista, debes buscar los elementos que te inciten a serlo, como rodearte de obras de arte, que haya una coherencia con tu propósito. Tu mundo interior debe reflejarse en tu mundo exterior y viceversa. Esto lo puedes lograr con los recursos que tienes simplemente conectando con lo que te apasiona y aplicándote a ello sin miedos, con mucha pasión.

Mira tu espacio y verás quién eres. La manera en que te conectes con tu espacio será la forma en cómo se proyecta tu vida. En la forma de cómo comiences a despejar tu espacio, clóset o gavetas, así sentirás la claridad de tus pensamientos. Por ende, es crucial que todos los elementos estén en orden y limpios. De esto trata el Feng Shui que busca la armonía del ser humano con su hábitat. Un ejemplo de la belleza y la eficacia aplicada de esta filosofía se encuentra en la construcción de ciertas ciudades como Hong Kong, Kuala Lumpur, Dubái y Shanghái, entre otras, que usaron sus principios y crecieron de una forma sorprendente en pocos años.

La manera en que te conectes con tu espacio será la forma en cómo se proyecta tu vida.

Lo segundo que debes observar es tu comportamiento, porque si quieres ser una persona próspera tendrás que comenzar a proyectar esta energía, y debes hacerlo desde ya. Acá se incluye todo, desde tu forma de hablar hasta tu manera de vestir. Aquí también se incluye el evaluar a las personas que te rodean, porque si tienes el sueño de ser un gran escritor, no puedes estar rodeado de personas que no crean que escribir una línea en un papel es algo valioso.

Comprende que tu sueño es lo que te pide tu alma. Escucha a tu alma y luego grita al mundo lo que vibra en ella y así consagrarás lo que quieres. La lección es que seas lo que quieres ser desde ya y todo el tiempo, porque ser exitoso no es llegar a una meta, sino transitar el recorrido que se emprende para alcanzarlo. El milagro no está por suceder, está sucediendo constantemente en tu día a día. ¡Compréndelo!

Cuando todos los niveles de vida se integran, la energía es muy poderosa, porque se comienza a crear un palacio, un imperio, un país y hasta un planeta, porque cada uno de nosotros tenemos una partícula de Dios y cuando la valoramos el resultado no puede ser otro que alcanzar una gran creación como lo hizo él.

Soy un ser creador, merezco lo mejor y construyo con amor mis sueños integrándome con los seres que más amo.

Conoce el poder del bambú de la suerte

Los bambús de la suerte pertenecen a la coordenada este porque ahí domina la energía del elemento madera. Con esta magnífica planta activas la suerte, tu prosperidad y tu integración familiar. Estas pequeñas plantas constan de un tronco de color verde. Cuando crecen, les salen algunas hojas verdes pequeñas y alargadas. Se reproducen por brotes que se desarrollan en el tronco principal. Su color natural es verde. Si se comienza a tornar amarillo tienes que aumentar sus cuidados, porque esto significa que se ha comenzado a marchitar. Su nombre científico es *Dracaena sanderiana*. No es un bambú en realidad, pero su cuerpo fibroso y su origen tailandés le ha hecho pasar erradamente por un bambú. En China son muy populares y gozan de grandes cuidados. En China es muy común regalar un tallo de esta planta para la suerte, especialmente en momentos trascendentes, como en bodas o nacimientos, ya que atraen buena energía. También se cree que si se marchita rápidamente o tiende a ponerse de color amarillo es porque absorbió una energía negativa que ha entrado en la casa. Son perfectos para la decoración interior porque deben mantenerse a la sombra, son pequeños, delicados y elegantes. Deben estar en agua limpia, por eso debes cambiarles el agua todos los días. Lava las raíces con mucho cuidado, debajo de un fluyente de agua suave.

Siempre deben colocarse tres o más bambús de la suerte.

Al estar en agua por un tiempo, les crecen finas raíces que tienden a esparcirse y a enredarse unas con otras; ten cuidado de no maltratarlas cuando les cambies el agua y limpies las raíces. También debes tener en cuenta que a medida que crecen debes colocarlos en un espacio más amplio para que no se maltraten. En el Feng Shui son utilizados especialmente para activar el elemento madera dentro de las casas y negocios. Dentro de las oficinas se colocan en la coordenada sureste para activar el crecimiento, la suerte y la prosperidad. Siempre deben colocarse tres o más, nunca individualmente o un grupo de número par. Un bambú de la suerte solitario atrae escasez, pobreza y carencia. Dentro de los hogares se colocan en la coordenada este para activar la fuerza del elemento madera a favor de tu unión familiar. Si en tu casa existen rincones oscuros o tu sala posee luces muy tenues, colocar un conjunto de estas plantas ayuda a mover la energía y así producir un buen chi.

Si deseas invertir, ampliar tu negocio o firmar un nuevo contrato, puedes colocar en la coordenada este de tu casa, sobre una mesa a la altura de la cintura, un arreglo de bambú de la suerte junto con una fotografía de tu familia feliz y sonriente en un marco de madera, que te ayudará a sentir ese apoyo de tus familiares. Con esta imagen activas la energía del elemento madera a favor de tu integración familiar. Esta integración es muy particular, funciona tal y como trabaja el sistema solar. Ahí los astros influyen los unos sobre los otros para mantenerse cada uno en su eje. La Tierra se ve constantemente influenciada por la fuerza de la Luna. De igual manera, cada miembro de tu familia coexiste en su propia vida, en su eje, pero trabajando juntos hacia un objetivo en común, donde lograrán que la energía de uno alimente al otro. Luego, tu familia se convertirá en un equipo consolidado y fuerte. Si desde tu corazón logras darte permiso de integrar a tus seres queridos en tus proyectos, podrás entender que no te encuentras solo en la vida. Aplicando esta hermosa cura de bambú de la suerte activarás toda la fuerza del elemento madera a favor de tus sueños.

Intégrate con el todo. ¡Fluye!

Llegó el momento de confiar y reconectar tu poder. Dios vive dentro de ti, activa todo lo bueno y hermoso que existe dentro de tu ser y proyéctalo a tu entorno, verás cómo todo se devuelve multiplicado hacia ti. Te regalo estos pasos para que recobres de nuevo tu armonía y sientas lo positivo de la vida:

1. Respira profundamente. Así obtendrás esa chispa de energía que necesitas para empezar el día.
2. Ten en mente todas las cosas bellas por las cuales te estás esforzando y algo que puedas hacer para mejorar tu entorno, aunque sea poquito. No te cierres ante los problemas que tienes enfrente, al final todos son pasajeros.
3. ¡Vive al máximo y sin miedo! Recuerda que la fortaleza de Dios que vive en ti es la luz que ves.

Nunca olvides que todo en la vida está interconectado. Por ejemplo, el trébol de cuatro hojas, el de la suerte, se asocia con la cruz celta griega que es un símbolo de cuatro coordenadas que fungen como los cuatro elementos: agua, tierra, aire y fuego. El quinto elemento es el que une a los otros y es el más importante, a la vez es el más olvidado: el amor.

Nuestra alma, según las situaciones, experiencias y aprendizajes pareciera desfragmentarse; es parte de los cambios, cuando nos damos permiso de sanar cada uno de estos fragmentos empiezan a unirse y forman una composición cuántica hermosa. Recuerda que somos un todo con lo bueno y lo malo, en la luz y en la sombra. Llegó el momento de agradecer todos estos fragmentos juntarlos y decirles "GRACIAS", verás que todo tiene sentido.

Tener siempre presente que todo en la vida está conectado te permitirá alcanzar la integración. Esto también puedes verlo en otro símbolo de la suerte, como la moneda china con su círculo que representa el cielo, su cuadrado en el centro simboliza la tierra y sus cuatro palabras generan prosperidad. Todos esos símbolos de la suerte te envían esa gran señal:

¡Conéctate, intégrate y fúndete con el Universo, porque tu energía está en transformación y en unidad constante!

El este: la integración del ser

Antes de continuar, responde:

¿Reconozco mis sombras o debilidades? ¿Cuáles son y cuáles debo mejorar o perdonar?

¿Tengo asuntos pendientes con mamá o papá que debo atender?

____

____

____

¿Quiénes son las personas que están en tu frecuencia y te alientan a continuar? ¿Eres coherente con ellas? ¿Quiénes son las personas que debo alejar de mis proyectos?

____

____

____

____

¿Comparto momentos de calidad con mi familia o en la intimidad del hogar o sólo estoy pegado a mi celular aunque esté con ellos?

____

____

____

____

¿Cómo distribuyo la inversión en lo relativo al mercado, al consumo y a las responsabilidades en cuanto a mi núcleo familiar?

____

____

____

4

DINERO

Has llegado al punto central de este libro, quizá el que más has esperado. Debes saber que éste es el cuarto nivel de vida y por lo tanto ya estás preparado para comprender la diferencia entre dos palabras clave: riqueza y prosperidad. Esta última representa la integridad de todos los niveles que menciono en este libro. En cambio, la riqueza abarca la fortuna material y todo lo que implica el abrirnos al dar y recibir.

Estoy completamente seguro de que Dios no ha enviado a nadie a este mundo para que sea infeliz o para que viva sufriendo por causa de la pobreza. Todo lo contrario, es nuestra decisión. De acuerdo con nuestra sanación y nuestros procesos de vida, somos nosotros los que construimos una gran fortuna, por eso debemos eliminar el miedo a ser ricos.

El secreto de la magia de la gran prosperidad es liberarse de los temores. El miedo puede ser tan grande que incluso hay muchas personas que temen arriesgarse a emprender proyectos donde se pueda ganar mucho dinero. Cuando eso ocurre la persona tiene una "conciencia limitada de riqueza", la cual está relacionada con su merecimiento, y que todos debemos poseer. El límite de lo que puedes llegar a poseer lo estableces tú.

> La atracción de la riqueza en tu vida no exige lucha.

El gran secreto para atraer la riqueza se basa en que puedas conectarte con la fuente de toda riqueza, la fuente universal, Dios. Para eso es necesario que vibres en la misma frecuencia que la abundancia. Que los pensamientos y los deseos estén alineados con lo que estás pidiendo. La atracción de la riqueza en tu vida no exige lucha. De hecho, si estás luchando hay una probabilidad de que estés bloqueando la riqueza. Sólo debes confiar, abrirte a esta ley divina que el Universo te brinda. Confía en ti mismo para saber los pasos correctos, confía en el Universo que te enseñará la manera correcta de alcanzar tus metas y confía que todo se alinea en el camino para el desarrollo de tus objetivos.

Dios es abundancia

Nunca olvides que Dios es un sí de amor y quiere vernos a todos bien, en correspondencia con nuestros procesos y con las decisiones que tomemos, porque en cada uno de nosotros hay una partícula suya. Él es nuestra fuente ilimitada. Cuando te conectas con la energía de la fortuna no sólo recibes dinero por tu realización, sino por otras partes. Pero se ha reprogramado tanto el mundo hacia la escasez que por eso es que la vemos por todos lados. A mí los economistas me impactan porque sus proyecciones siempre son de alarma y esto ocurre siempre hasta en los países más poderosos económicamente: suben los impuestos, las tasas de interés, la inflación. Sin embargo, hay personas que se hacen ricas todos los días sin importar en qué país se encuentren. La razón es que muchos de ellos pensaron que el dinero no era cruel. Todo lo contrario, se abrieron en correspondencia a él.

Un ser espiritual puede ser materialmente rico

Una situación que siempre ha llamado mi atención es cómo al hablar de sus negocios y de su imperio Bill Gates da mensajes extremadamente espirituales y no habla de sus industrias. No toca el tema del dinero, sino de cómo elevar la conciencia de la vida en sus fundaciones internacionales. En cambio, en sus discursos, el Dalái lama habla en términos políticos y económicos. Hay una coherencia dentro de esto, porque no puede existir el yin sin el yang y mientras Bill Gates, como uno de los hombres más millonarios del mundo, habla de su parte yin, el Dalái lama, además de toda su espiritualidad, también está contactado con la realidad y la comprensión del mundo en un nivel yang. Este ejemplo engendra una excelente relación de cómo se encuentran nuestros niveles espirituales y materiales fundidos con nuestro ser, sin sentir culpa de unos u otros, sino que ambos se relacionen, se integren, y se nutran en una coherente representación de lo que somos ante nuestro entorno.

> Conquisto lo que me propongo, soy un triunfador
> y nací para la riqueza.

Es decir que una cosa no limita la otra. Podemos ser profundamente espirituales y altruistas y tener dinero en grandes cantidades. Podemos tener una gran elevación espiritual y buscar vivir bien. No necesitamos "que nos cueste trabajo", como se dice en muchos países latinos, para alcanzar la riqueza. La pobreza no te llevará más rápidamente al cielo. Es muy importante reprogramar la mente y desterrar estos conceptos. Lo realmente importante para ser un ser próspero es tener claro quiénes somos, qué queremos y hacia dónde nos dirigimos. Si tienes un sueño definido debes comenzar a invertir en él. La clave para eso es no escatimar y rodearse de los mejores. Debemos invertir en nuestra persona desde diferentes puntos de vista: terapéutico, físico y en cuanto a proyecto de vida se trata. Caso contrario es quedarse esperando que las cosas se den, pero si no tomamos una actitud activa tal vez esto nunca ocurrirá.

¡Tus pensamientos y tus sentimientos crean tu vida!

Es de suma importancia que te sientas feliz, porque este sentimiento positivo te activará con la señal que emites al Universo. Así que cuanto mejor te sientas, más atraerás las cosas que te ayudan a sentirte bien. Cuando te sientes incompleto, cuando te sientes vacío, tendrás situaciones de pobreza, soledad y situaciones negativas. Cuando sintonices en esta frecuencia de manera regular, sintonizarás la vibración de la riqueza y comenzarás a atraer más de ella a tu vida.

> Tú eres la riqueza individualizada del Universo y las únicas limitaciones que tienes son las que te has impuesto.

Lamentablemente no contamos con una cultura de riqueza y lo paradójico es que todo el mundo quiere ser rico. Si le preguntamos a cualquier persona de cualquier nacionalidad, me atrevo a decir que casi todas dirán que quieren ser ricos, pero en realidad son muy pocas las que están preparadas para merecerlo. Se ha comprobado que, si todo el dinero del mundo se reparte en cantidades iguales a toda la humanidad, al cabo de un tiempo el que era rico volverá a serlo, y el pobre regresará a su condición original. Es importante evaluar el proceso de fortuna. Para llegar a ser rico debes revisar de qué forma te abres a serlo, es decir, cómo te comportas con la abundancia.

Acepto el dinero como un maestro

El dinero es un gran maestro, porque nos enseña cuánto vale en realidad nuestro ejercicio profesional, qué tan justos deben ser nuestros honorarios y qué tan eficiente es nuestra forma de negociar. Debemos analizar la forma en cómo cobramos, cómo tenemos y cómo se da todo el proceso. Se trata de determinar una balanza de equilibrio entre lo justo, lo avaro y lo ambicioso. Hay que definir muy bien qué clase de energía movemos con el dinero, porque dependiendo de cómo uno se abra, así se abrirá el Universo para nosotros. El dinero es una gran rueda de la fortuna, tiene que estar en movimiento. Si se acapara, se tranca.

A la vez, hay que observar que desde nuestra herencia, desde nuestros orígenes, sin darnos cuenta nos convertimos en proyectores de la riqueza de nuestros padres. Lo importante de nuestra herencia en cuanto al dinero es que uno a veces quiere hacerlo mejor que sus padres, pero resulta que, sin querer, termina haciendo lo mismo para mantenerse conectado con ellos. Por ejemplo, a las personas que asisten a mis seminarios siempre les pregunto sobre lo que les enseñaron sus padres acerca del dinero y la mayoría de las respuestas se reducen a las siguientes frases: "ahorrar es muy difícil", "el dinero es insuficiente", "hay que trabajar muy duro para tener dinero", "no gastes", "el dinero es malo", "el dinero es sucio", entre otras.

> La prosperidad engloba todas las cosas maravillosas que profundizan y abren nuestra existencia.

Es importante aclarar algo: la verdadera conciencia de prosperidad y fortuna va más allá de hacer dinero, es la verdadera conexión con todo el Universo, con el milagro de la vida, con todo lo que está dado para nosotros. En este momento el hecho de leer estas líneas te hace ser muy afortunado, cuentas con todo un gran potencial físico, mental, emocional y sobre todo espiritual. La prosperidad engloba todas las cosas maravillosas que profundizan y abren nuestra existencia. Mi guerrero de luz, no sientas temor de abrir tus brazos para aceptar la abundancia del mundo que te rodea.

Si detallamos la naturaleza, nos encontramos con mucha abundancia, la naturaleza nos brinda muchas imágenes de plenitud. El mar es un infinito de posibilidades y el dinero es como el agua, inagotable.

Si sumerges la mano en el agua y luego la levantas, tendrás agua, pero si la aprietas el líquido se esfumará. Con el dinero ocurre lo mismo, si te cierras, permanecerá lejos de ti.

Observando el patrón de mis ancestros

Te invito a reflexionar sobre tu conciencia de riqueza. Mira hacia atrás para que sepas de dónde vienes. De las Constelaciones familiares aprendí algo muy valioso y es a observar cómo hicieron las cosas nuestros padres, no con el objetivo de mejorarlos, sino para agradecerles, honrarles y pedirles permiso de hacerlo diferente. Gran parte de nuestros temores provienen de nuestro origen y el pasado no se puede cambiar, pero sí sanar, y cuando realmente perdonamos y honramos a nuestro sistema es cuando se produce la magia de encauzarnos con nuestro destino de prosperidad, porque siempre tendremos su apoyo.

Para limpiar nuestra conciencia de riqueza debemos reprogramar nuestros pensamientos y generar nuevas afirmaciones y contrarrestar los mensajes negativos que nos dieron acerca del dinero desde que nacimos y durante toda nuestra niñez y adolescencia. Hay que depurar toda esa información que no nos permite ser libres para ser millonarios.

Déjame decirte una ley universal que es de gran importancia. Tu relación con mamá es la que va a dirigir tu abundancia, mientras que la relación con papá es la que va a regir tu forma de acceder a las ganancias y obtener el reconocimiento. Es decir, si eres una persona que no ha sanado su relación con mamá, si aún tienes algún tipo de conflicto, entonces siempre estarás en situaciones de escasez. El primer ejercicio para cambiar tu prosperidad es solventar internamente cualquier emoción con tus progenitores. La forma en que sientes por ellos es la forma en que el dinero, los clientes y el éxito se presentan en tu vida.

Por ejemplo, si eres una persona que de niño tu mamá tuvo complicaciones con el trabajo y no estuvo para ti, siempre estarás buscando en el dinero manifestar esa carencia de afecto, o te relacionarás con personas en situaciones que no te brinden suficiente para vivir en felicidad. Con papá pasa algo similar; por ejemplo, si tu papá fue un hombre dominante y nunca te dejó tomar decisiones, esa misma situación la buscarás en tus jefes, en compañeros y hasta en clientes, dejando que ellos dominen la relación contractual y viendo desmejorados tus intereses. ¿Cómo se resuelve esto? Sanando a tus padres.

Debes honrarlos, bendecirlos por las figuras que fueron y abrazarlos. En este caso es importante que tomes responsabilidad sobre tus emociones y lo que ahí ocurre. Entiende que ellos hicieron y te dieron lo mejor que pudieron. Que tal como te formaron fue perfecto y que tú puedes perdonarlos, amarlos y hacerlo diferente. No mejor, sólo de una manera distinta. Veo muchas personas sumidas en discusiones en su vida adulta porque buscan solucionar los conflictos con mamá y papá en sus relaciones y en sus profesiones. ¡Sana a tus padres y serás rico!

Las cuatro leyes de la prosperidad

Construir una conciencia de riqueza requiere de intención. A veces se queda sólo en una idea, por eso te entrego estas cuatro normas muy sencillas que te permitirán cambiar toda tu estructura mental acerca de la riqueza. Aplícalas, mi guerrero de luz, y te aseguro que rápidamente encauzarás el fluir del dinero en tu vida.

1. La ley del ganar: Todos tienen el mismo derecho que tú de ser felices y tener grandes ganancias. Cuando te ocupas en tu actividad de que todos queden satisfechos, es decir, clientes, socios, colaboradores y proveedores, tu abundancia estará asegurada. Todos los que participan en tu actividad comercial, sea cual sea, estarán atentos a que tú siempre estés bien. Automáticamente ellos sabrán que si tú estás bien eso también los beneficiará, entonces en el ciclo perfecto de la vida todos ganarán.
2. La ley del gastar: Cuando el fluir de los ingresos aumenta, entonces entra en juego esta segunda ley. Antes de dejar ir tu dinero en cualquier cosa, debes pensar en mantener el equilibrio, no sólo de tus recursos personales; también piensa que todo lo que compras es un recurso del planeta, de la Madre tierra, y debe ser bien usado. Cuando

vayas a realizar alguna compra pregunta a tu ser interno: ¿de verdad esto lo necesito?, ¿para qué voy usar este objeto?, ¿es esta compra una prioridad? Busca siempre hacer inversiones, es decir, que tus gastos sean útiles y te proporcionen placer.

3. La ley del ahorrar: Guarda dinero con fines específicos, como un viaje, una compra importante, o una posible inversión que te beneficiará. No todo el mundo tiene esto en mente al ahorrar. Muchos piensan en que deben ahorrar para algo negativo y eso genera pobreza. Debes buscar reorganizar tus ingresos e inversiones y dejar un porcentaje para darte gustos y vivir en disfrute. Unas vacaciones, un momento de relajación, son necesarios; no se trata de un lujo, es lo que en realidad te hace próspero. Si no vives tus gustos, si no le das alegría a tu alma, entonces no serás verdaderamente próspero. Es muy importante que internalices esto.
4. La ley del invertir: Esto es posible en vista de lo bien que hayas trabajado las dos leyes anteriores. Cuando has logrado gastar oportunamente y ahorrar, entonces puedes generar inversiones. Pueden ser mínimas, o pequeñas oportunidades que te brinden un dinero extra. Es importante que en este caso recibas apoyo, busques instrucción, hagas el curso de finanzas que te ayudará o simplemente disfrutes de esos *hobbies* que pueden llevarte a algo más. Es importante que le dediques tiempo a esta área. Muchos creen que es

sólo hacer un negocio, o comprar para vender, y resulta que puede ser mucho más. Puede significar la semilla de tu jubilación y por lo tanto debes dedicarle tiempo y atención.

Profundizando en la equidad

Cuando hablamos de generar riqueza y de alcanzar el bienestar, es básico no aprovecharnos de los otros en nuestro beneficio. Debemos movernos con justicia y ser atentos a la correspondencia. Si buscas que no te engañen, debes ser honesto. Si quieres tener un trabajo con ingresos justos, debes ser claro y atento con tus clientes. Los latinos tendemos a tener esa viveza sin darnos cuenta de que nos genera un karma que nos dificulta ser países prósperos. En nuestras latitudes la gran mayoría piensa: "Si no soy vivo no puedo ser próspero", y eso es una falsedad.

Como ejemplo señalo los negocios en donde se compra algo y luego se le pone otro precio incrementado para obtener un beneficio fácil. Eso lo cobra el Universo en cualquier otro nivel, puede ser en el amor, la reputación o la salud. Si te robas algo creyendo que te vas a hacer más rico, eso en realidad te empobrecerá más. Por esa razón hay gente que tiene mucho dinero, pero no es feliz. Sé que los que hacen negocios sucios no están bien en el aspecto energético en uno de sus niveles. Por eso hay que ser justo. La equidad se debe cuidar en todas las instancias. Por ejemplo, si tienes una sociedad con alguien debes respetar el pacto y no traicionar a esa persona, porque de lo contrario se perjudica la alianza.

Cuaderno de ingresos y egresos

Debemos concientizar nuestra propia contabilidad y llevar un registro de los ingresos y egresos, en donde se incluyan incluso los gastos pequeños como cine, almuerzo, taxi y todos los gastos personales. Luego lo sumas y listo, no necesitas nada más. Con este ejercicio estarás consciente de los gastos y de lo que eres capaz de producir, de esta manera verás al creador que hay en ti. Si fuiste capaz de hacer 10000 pesos, también puedes hacer 20000, 30000, 40000 y más. Todo está en tu mente.

A manera de ejemplo pongo el caso de este libro que está en tus manos. Yo invertí dinero para hacerlo realidad. Tú tendrás que hacer lo mismo al momento de pagar por él. Luego, deberás asumir el reto de leerlo y apasionarte por hacer los cambios que tu vida requiera. Sin pasión el dinero no se crea. Esto lo comparo con el petróleo, considerado el oro negro, que para conseguirlo se necesita de mucha entrega y un equipo que insiste noche y día hasta extraerlo. Al momento de encontrarlo, el chorro sale con una fuerza impresionante, lo cual es muy emocionante de observar. Así también son los sueños, debes persistir hasta que des con ellos y cuando los obtengas nadie te detendrá. Te invito a que encuentres tu pozo de abundancia, porque te va a dar infinidad por mucho tiempo. Pero esta abundancia requiere una inversión, una pasión y, sobre todo, grandes estrategias.

Estas enseñanzas sobre cómo manejar el dinero las aprendí desde mi niñez y temprana juventud. En esa época compartía mucho con mi mejor amigo de la universidad, Carlos Serrano, y su papá, don Andrés. Él fue un gran maestro para mí porque para él el dinero no era un límite. Recuerdo muchas de sus frases; había gente que se le acercaba por interés y él me decía: "Alfonso, hay muchas personas que quieren emprender grandes negocios para así obtener grandes ganancias, pero no quieren invertir en ellos, y eso es imposible".

> Si fuiste capaz de hacer 10 000 pesos, también puedes hacer 20 000, 30 000, 40 000 y más.

A la hora de pagar

Es importante que evalúes tu actitud a la hora de cancelar los bienes que adquieres o los servicios que te prestan. Recomiendo como ejercicio que observes las reacciones de las personas a la hora de pagar cuando llegan a las cajas registradoras o cuando les traen la cuenta en el restaurante. La mayoría de ellas se angustia; algunas buscan con desesperación su cartera; otras pierden el control si las están esperando. Se ponen a escarbar entre todas las cosas. Se olvidan de que el que va a pagar es el que tiene el poder porque posee el dinero.

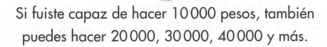

En cambio, a una persona que conscientemente se considera próspera no le importa si atrás hay cola. Paga su cuenta con fortaleza. Siempre repito que "el tiempo de Dios es perfecto". Muchos ni revisan si el cambio que les entregan es el correcto. Te invito, amigo lector, a que imagines que eres un miembro de la realeza. Ellos tienen una actitud tranquila porque saben que pueden y se merecen todo. Están seguros de que el dinero fluye hacia ellos. El que maneja la angustia en el dar, así mismo la tendrá en el recibir. Cuando se le pregunta a alguien que no tiene problemas con el dinero de cuánto son sus honorarios, lo dice sin problema. En cambio, el que sí los tiene, titubea, y dice "déjame pensarlo".

Decoración para la generación de riquezas

Revisa cómo están decorados tus espacios. Si quieres ser próspero no puedes tener, por ejemplo, un cuadro de una casa vieja o de naturaleza muerta. A gran cantidad de personas les gustan las figuras de pobreza, de sequedad, de muerte. Hay gente que paga buenas fortunas por cuadros de hombres al borde de la muerte. Los cuadros de tu casa deben ser visualizaciones de lo que quieres alcanzar. Hay que rodearse de imágenes inspiradoras que muestren cómo te quisieras ver.

Cuando visitas un palacio puedes observar que los cuadros son de opulencia, de fiesta, ves al personaje posando con su mejor traje y con joyas. Los cuadros de frutas o de paisajes son muy recomendables. Un cuadro de girasoles o de una marina (que no tenga un barco viejo y destartalado en el medio) son buenas muestras de todo lo que te puede proveer la vida. Las mejores son las representaciones que estimulan nuestra vista y creatividad. No tienen que ser muy costosos, pueden ser incluso pósteres o grabados, alguna litografía que te haya gustado y que mandes a enmarcar. También hay personas que amplían billetes y los colocan como cuadros.

También el orden juega un papel fundamental para abrirte a recibir cosas nuevas y positivas. El que acapara para tener más termina teniendo más cosas que no le sirven, que no son funcionales. Siempre sugiero regalar las cosas que ya no se usan.

FENG SHUI PARA ACTIVAR RIQUEZA COORDENADA SURESTE

El sureste es la segunda coordenada habitada por la energía de la madera y en ella se activa la fuerza del dinero. Las formas rectangulares y los colores verdes y púrpuras son los propicios para esta coordenada. Ubica en la coordenada sureste de tu sala el punto energético de prosperidad, que consiste en colocar:

- Una mesa de madera con un símbolo que sientas de prosperidad, puede ser un Buda de riqueza dorado (que esté feliz).
- Una foto de tu familia en un marco de madera.
- Un arreglo de bambú de la suerte que indica crecimiento.
- Un cofre de madera forrado por dentro con fieltro rojo; en la parte interna colocarás monedas y billetes de diferentes países.
- Un sobre rojo con tus peticiones materiales. Ahí puedes escribir en papel rojo lo que deseas, por ejemplo: "agradezco mi coche perfecto", "agradezco la compra de mi departamento", entre otros.

En este rincón es muy positivo que guardes en las noches tus chequeras, las libretas de ahorro e, incluso, la cartera, para que se carguen de energía positiva.

Recuerda que es crucial que haya coherencia en tu forma de actuar, porque de nada te sirve tener un Buda de riqueza que te conecte con tu prosperidad si no eres cónsono con tu forma de manejar tus ingresos y egresos. En cambio, si estás aplicando los principios de conciencia de riqueza y te regalas un Buda feliz, será una excelente representación para el genio financiero que habita dentro de ti, esto lo aprendí hace muchos años en Asia.

Complace tus deseos

Darte gustos o placeres también es muy importante, tratarte bien por encima de todas las cosas. Hay conductas que son contrarias a la riqueza. Por ejemplo, muchos compran dos vajillas: una barata para comer todos los días y otra elegante para cuando reciben visitas. Eso es tener una doble vida. Si queremos ser prósperos en todos nuestros niveles nos tenemos que comportar como tal en todo momento. Yo los animo a que se acostumbren a comer con su vajilla fina. La gente dice que no lo hace porque se daña, pero las cosas hay que disfrutarlas. Luego la venden o hasta la regalan, o las piezas terminan en un anticuario si eran espectaculares, porque a muchos no les gusta heredar piezas antiguas.

Otro ejercicio es hacerte un regalo mensual. La mayoría de las veces todo lo que ganamos se destina a cubrir gastos. Sin embargo, debemos proponernos darnos premios que de verdad nos gusten para estimularnos y convertir esto en un propósito de vida.

Símbolos de oro: el poder del billete verde y el euro

Todo en la vida tiene energía y los billetes no escapan a esta realidad. Las afirmaciones tienen gran poder porque activan en ti la reprogramación de tu mente, pero existen otras dos herramientas muy útiles para este propósito, una de ellas son los símbolos y otra los ejercicios. Los ejercicios los hemos trabajado a lo largo de todo el libro y los seguiremos utilizando en las páginas que siguen. Pero en esta ocasión te voy a mostrar símbolos de riqueza de más poder: los billetes.

El billete verde representa crecimiento, fertilidad, abundancia y buena suerte en los negocios.

El diseño de las monedas tiene un valor muy significativo, desde el principio de los tiempos financieros. Por ejemplo, el dólar, que también es visto como un símbolo de buena suerte, es cien por ciento cabalístico. Ésa es una de las razones por la cual no se devalúa con tanta facilidad. Posee una cantidad de símbolos diseñados por los masones para que se mantenga como un billete poderoso.

El dólar es apodado "el billete verde" precisamente por su color, que representa crecimiento, fertilidad, abundancia y buena suerte en los negocios. En el lado frontal tiene un escudo heráldico conformado por una balanza en la parte superior y una llave en la inferior. La balanza es el emblema propio del equilibrio, la armonía y la funcionalidad, tan apreciada por la sociedad. La llave simboliza el poder para abrir las puertas de un tesoro y de la capacidad para librar obstáculos y conseguir la misión.

Aparece también 1789 que, al reducirlo a una sola cifra, con base en las operaciones propias de la numerología, nos da como resultado siete: número cabalístico por excelencia, en perfección con el Universo, propio de quienes se abren a recibir señales del Cosmos. En su lado posterior, la frase *In God we trust* (En Dios confiamos) tiene origen masónico, y vincula la creencia con el poder supremo que vela por el orden y la armonía de todo lo existente en el Universo.

En el extremo izquierdo tiene un círculo con una pirámide, condensador de energía, fundamento del conocimiento supremo. Su punta se encuentra rematada por la presencia del ojo celeste de los antiguos egipcios, que lo conoce todo, o como el gran misterio de la Santísima Trinidad. Y en la base de la pirámide está escrito el año de la Independencia estadounidense en números romanos: 1776. De este año, la numerología da como resultado el número tres, que significa buena suerte, armonía y equilibrio en expansión con el Universo.

Debajo de la pirámide hay una inscripción que reza: *Novus ordo seclorum* (Nuevo orden secular). Esta frase se refiere al nuevo orden donde ya no impera el dominio de la religión o de la nobleza, sino una nueva sociedad que busca a partir de su libertad la proyección en armonía con su prosperidad.

Otra moneda fuerte en el mercado internacional de divisas, el euro, también tiene sus símbolos. Fue diseñado en proporción áurica tomando en cuenta elementos cabalísticos. El dinero es una magia con la cual uno debe conectarse. La idea no es que le rindas culto, es que lo veas como algo positivo, que comiences a creer que no es sucio, ni malo, ni que el que tiene dinero va a ir al infierno. El dinero no nos puede dar angustias, tiene que ser el medio con el que hasta puedas jugar, agradecer y celebrar.

Asumo la responsabilidad de mis finanzas
y entrego lo mejor de mi ser.

¡Acciona tu prosperidad!

El billete y las monedas chinas

El dólar atado con tres monedas chinas es un poderoso ejercicio para activar abundantes ganancias y prosperidad en monedas extranjeras y nacionales. Guárdalo en la cartera, maletín de negocios, libros contables y recipiente de riqueza. Resguarda este billete de otras manos, éste atraerá a tu vida gran riqueza.

El cheque de la prosperidad

Consagra en luna llena un cheque para tu prosperidad. Te darás cuenta cómo llegan a tu vida grandes ganancias, colmando de riqueza esa cuenta corriente.

La cuenta corriente es muy importante, pues en ella se mueve tu dinero. Si no tienes una, debes abrirla especialmente en días de luna creciente, entre las 10 y las 12 del día. Esta cuenta nueva es un semillero para la prosperidad y la abundancia. Busca tu chequera nueva para consagrarla por medio de este ritual como una cuenta de prosperidad abierta ante todo lo que el Universo te va a entregar.

Esta ceremonia hay que realizarla cuando haya luna llena, pues recuerda que es la fase donde todo se consolida. Además, la vas a repetir en la luna llena de cada mes por los siguientes 12 meses. Busca un cheque de tu cuenta corriente. También, si lo deseas, puedes diseñarte o mandar a hacer un cheque con tu insignia, con tu nombre, como si el cheque fuera de un banco de tu propiedad.

Cuando tengas el cheque escogido para este maravilloso ritual, llénalo de la siguiente forma:

- En el espacio donde se coloca la cifra a pagar, escribe: "Pagado totalmente". Se coloca pagado totalmente porque, al poner una cifra, te limitas a toda la abundancia que el Universo te trae. Simplemente te vas a abrir a lo que requieres y a toda la abundancia que el Universo desde ya ha dispuesto para ti.
- En el nombre de la persona, escribe tu nombre y apellido.
- En donde se coloca el valor del cheque con letras, hay que poner: "Pagado totalmente".
- En la parte de la fecha simplemente coloca el mes al que pertenece ese día de luna llena y el año.
- En la parte de la firma escribe: "Ley de la abundancia". Esta frase es la firma de este cheque; en consecuencia, debes escribirlo como si fuera una firma de Feng Shui. Es decir, escríbelo en forma ascendente. Al finalizar, marca una línea recta y firme, también en dirección ascendente debajo de lo escrito.

Cuando termines de llenar el cheque de la prosperidad, debes consagrarlo con incienso de mandarina. Toma el incienso y muévelo alrededor del cheque, visualizando cómo las finanzas de tu vida se llenan de prosperidad y crecimiento de tu dinero. Realiza una visualización hermosa imaginando cómo tus cuentas florecen día a día cada vez más. Agradece al padre, a la madre, a todos los caminos, cómo el Universo te entrega toda esta maravillosa energía de vida. Al finalizar, toma en cuenta que hay dos lugares para guardar este cheque: el primero es en tu billetera y el segundo es en tu mesa de noche, dentro de una carpeta roja. En la carpeta guarda todos los cheques que llenes los meses siguientes en las próximas lunas llenas. Mes por mes conéctate con la energía de riqueza. Recuerda que en la forma en que consagres este cheque, verás la prosperidad entrar en tu vida. Debes hacerlo desde tu optimismo, atrayendo energía a tus finanzas, a tu negocio y a cualquiera de tus proyectos. No desde la queja o el papel de víctima.

Lo que realices en la vida siempre debes hacerlo con alegría y con mucho agradecimiento. Tu pensamiento siempre debe estar abierto en esta evolución suprema. Te darás cuenta de cómo el dinero comienza a prosperar dentro de tu vida gracias a la ley de la atracción. De la manera en que visualizas, sientes y actúas, el Universo te colmará día a día de nuevas sensaciones y de excelentes dividendos. Éste es un ejercicio sencillo, pero muy poderoso. Recuerda que todo lo que te propongas desde el amor puedes conseguirlo.

Realiza una visualización hermosa imaginando cómo tus cuentas florecen día a día cada vez más.

Carteras, billeteras y monederos

Le hago hincapié a todo el que quiera ser próspero que invierta en buenas carteras, chequeras y monederos de excelente calidad con compartimientos para varias tarjetas de crédito y para que todo esté bien ordenado. Los mejores colores para las carteras son el rojo, el café y el negro. El rojo es el elemento fuego que activa la energía de fuerza. El café es la energía del elemento madera, del crecimiento, y el negro es el elemento agua que simboliza la fluidez del dinero.

Para asegurarte de que te entren grandes cantidades de dinero, te recomiendo que organices los billetes de mayor a menor denominación. Debes tener dos compartimientos: uno para moneda local y otro para moneda extranjera. Las tarjetas de crédito y de débito no deben mezclarse con la identificación. Deben ir por separado (hay que honrar la prosperidad y la identificación). Además, deben estar ubicadas de manera que la que tenga mayor disponibilidad de dinero esté en la parte superior.

Todos los papeles de cajeros, recibos y facturas que solemos guardar en la cartera deben ir en otro lugar. Con desorden no se puede ser rico, ni mucho menos próspero. Muchas veces se tiene la idea de que para tener mucho hay que acaparar muchas cosas y no es así. La cantidad no necesariamente implica opulencia.

Cuentas de ahorros y cuentas corrientes

Manejamos un concepto errado de lo que significa una cuenta corriente y una de ahorro desde el punto de vista energético. En ocasiones incluso no las diferenciamos bien, pero para ser prósperos es importante saberlo. El ingreso debe tener un fin. Las cuentas corrientes se crearon para administrar los gastos: alquiler, empleados, alimentación, vestimenta y transporte, entre otros. Esos gastos promedio están relacionados con el nivel en que tú quieras vivir.

Muchas veces las cuentas de ahorro se tienen por necesidad. En general la gente dice: "ahorro por si algo malo me pasa". Al tener este pensamiento, se carga de manera negativa a los ahorros. Si quieres un coche, hacer un viaje, comprarte una computadora o un departamento, te recomiendo que abras una cuenta de ahorro para cada objetivo. Por eso es importante personalizar cada una de ellas y ubicar en las tarjetas de ahorro la frase: "Esta cuenta siempre está en más, mis ingresos aumentan cada día más y más. Agradezco esta cuenta de ahorro para (tu objetivo, por ejemplo, "comprar mi casa"). Cada cuenta es un sueño y automáticamente al abrirla lo estás energizando. Lo que deposites ahí lo tienes que respetar al máximo y no sacarlo hasta cumplir la meta. Eso es tu dinero sagrado para hacer realidad tu sueño.

Muchas veces la gente dice que va a hacer un viaje y no tiene nada dispuesto para ello. Según lo que quieras debe ser el ingreso en esas cuentas, no puedes ahorrar una cantidad muy pequeña mensual si el objetivo es un departamento. Pero lo que ahorres te puede servir para que sea invertido y de esta forma multiplicar la cantidad. Debes mantener el fin. Hay que ser coherente con la estrategia de vida.

Para el caso de las chequeras, recomiendo que estén forradas de rojo o naranja. Se debe emitir primero el último cheque del talonario hasta llegar al primero, es decir, de abajo hacia arriba, esto con el propósito de no degradar tu prosperidad. Recuerda que el dinero se debe manejar de forma enérgica, buscando la sensación de que siempre es inagotable.

Arma tu carpeta del tesoro

A veces anhelas muchas cosas materiales y tiendes a esparcir tu atención sobre todas ellas, sin alcanzar ninguna. La carpeta del tesoro es un sencillo ejercicio que te permite concentrarte en cada uno de los elementos que requieres para alcanzar tu objetivo y consagrar toda la energía del Universo para obtener su beneficio.

Este ejercicio te ayudará a tener orden en cada uno de tus deseos. Recuerda que, de acuerdo con la primera ley del Feng Shui, el orden te abre las puertas al éxito, pues la energía fluye en armonía cuando está establecida una estructura perfecta. Al tener un esquema oportuno de lo que deseas, podrás enfocar tu energía hacia esa meta.

Materiales

Una carpeta forrada de color naranja o dorado, los colores que se asocian a la prosperidad y la riqueza

- Una cinta dorada
- Papel blanco o café
- Pluma de tinta dorada
- Velas de color dorado

Procedimiento

Debes llevar a cabo esta ceremonia en una luna llena para consagrar el gran poder que te ayudará a alcanzar tu meta. La carpeta del tesoro se realiza para una adquisición material y no es recomendable tener varias carpetas con diferentes objetivos a la vez, pues se perdería la esencia de esta cura, que consiste en concentrar toda tu fuerza y empeño en un deseo a la vez.

Consigue una carpeta que te guste muchísimo, de color naranja o dorado. También puedes forrar una carpeta con tela, papel o fieltro de uno de estos colores. Luego, enciende la vela dorada. Esta luz es muy poderosa, con ella activas la energía alrededor y dentro de la carpeta para que exista una gran prosperidad. Revisa diferentes revistas y folletos; si lo deseas, imprime y recorta imágenes que estén relacionadas con lo que deseas y archívalas en la carpeta. Por ejemplo, si quieres un coche, busca imágenes de la marca, forma y color del vehículo que deseas. Si deseas una casa, busca fotos del inmueble. Lo mismo debes hacer con cualquier objetivo que te plantees obtener.

Me abro a recibir mi petición.

Una vez que tengas la foto de tu meta, obsérvala con detenimiento y piensa en ella. Visualiza el proceso que tienes que realizar para obtener eso que anhelas y hacerlo realidad en tu vida. Imagina cómo vences los obstáculos, cómo superas las barreras, recrea la forma en que resuelves las circunstancias para seguir adelante y, al final, la felicidad de llegar a la meta luego de todo el trabajo y el esfuerzo realizado.

Luego de esta visualización, toma la pluma con tinta dorada y escribe sobre el papel: "Yo [tu nombre] haré [escribe en este espacio las acciones que tomarás para alcanzar tu objetivo]". Describe con detalles, arma un esquema de acciones para cada semana. Luego coloca todo lo que has escrito dentro de la carpeta. Para que tengas una idea de lo que requieres, puedes seguir la siguiente pauta:

- Busca información detallada y precisa sobre la meta que deseas cumplir. Luego elabora un cronograma con las actividades que realizarás. Imprime imágenes, dibujos y fotografías que identifiquen el objetivo, y anota cada acción que pueda contribuir con el alcance de tu sueño. También puedes añadir frases positivas como: "me abro a recibir mi petición", "agradezco y bendigo lo que pido", "alcanzo mi objetivo", "mi propósito de vida me da los frutos que pido".
- Rodea la carpeta con una cinta dorada y séllala con un lazo, como si fuera un regalo. Cada semana enciende una vela dorada y abre la carpeta. Observa detenidamente el contenido y asegúrate de revisar y checar si has cumplido las metas previstas para cada semana. Agrega algún elemento representativo de los avances, y que servirá de estímulo a tu trabajo cumplido. Cuando termines de revisar, anota con tinta dorada tus próximos pasos y anéxalos al contenido de la carpeta.
- También puedes introducir cualquier otro elemento que te parezca importante para alcanzar tu

objetivo. Recuerda concentrar la energía de esta cura, en vez de solicitar varios deseos al mismo tiempo.

Agradezco y bendigo lo que pido.

21 afirmaciones poderosas para activar la prosperidad

Conocerás la abundancia cuando le des valor a todo lo que tienes en la vida. La vida es 10% lo que me pasa y 90% cómo reacciono a ello. Rencuéntrate contigo, lee cosas que te nutran, reflexiona, ábrete a lo nuevo, llegó el tiempo de soltar y fluir. Con este propósito te entrego las siguientes afirmaciones que te permitirán elevar tu vibración y abrirte a recibir la riqueza. Repítelas en voz alta diariamente, por lo menos dos veces al día. También podrás escribir cada una de ellas 10 veces en la mañana, 10 veces al mediodía y 10 veces antes de acostarte, por una semana, al terminar continúa con la siguiente; el efecto que esto generará en tu mente será maravilloso y los resultados extraordinarios. Te darás cuenta de cómo incluso el aura de tu ser y de tus espacios cambia.

1. Prosperar es sagrado.
2. Estoy abierto y receptivo a la riqueza que me pueda ofrecer la vida.
3. Vivo, disfruto y celebro cada minuto de mi vida. Estoy abierto al cambio.
4. Soy un ser creador. Merezco lo mejor y construyo con amor mis sueños.
5. Todo lo que se me otorga, lo agradezco.
6. Doy la bienvenida a una fuente ilimitada de ingresos y a la riqueza en mi vida.

7. Libero hoy mismo toda la energía negativa sobre el dinero. Mi conexión con el dinero es buena.
8. Utilizo el dinero que tengo y que viene a mí para mejorar mi vida y la vida de otros.
9. Atraigo constantemente oportunidades que crean más dinero.
10. Todas mis acciones crean la prosperidad constante.
11. El dinero viene a mí de forma fácil, fluida y cómoda.
12. El dinero y la espiritualidad pueden coexistir en armonía.
13. Acepto que puedo ser rico y feliz al mismo tiempo.
14. Soy capaz de manejar grandes sumas de dinero y mantener sanas mis finanzas.
15. Atraigo dinero de forma natural, el dinero es mi amigo.
16. Soy un ser próspero y disfruto cada día al máximo.
17. Puedo acceder a una fuente de felicidad interior en cualquier momento que quiera.
18. Me acepto plenamente y sé que soy capaz de grandes cosas en la vida.
19. El Universo me entrega todo lo que requiero.
20. Confío en la prosperidad infinita y hago mis sueños realidad.
21. Empiezo a partir de hoy una nueva vida llena de prosperidad y abundancia.

El sureste: tu percepción del dinero

Antes de continuar, responde:

¿Qué escuchaba decir a papá y mamá acerca del dinero?

Tomando como referencia lo que escuchabas decir a papá, mamá o a algún familiar en tu infancia acerca del dinero, transforma esas mismas frases en pensamientos positivos:

¿Cuáles son las inversiones económicas que realizo actualmente? ¿En negocios, empresas, bienes, ahorros en planes financieros, redes sociales, entre otros?

¿Estoy dispuesto a ahorrar e invertir en mis sueños?

¿Cómo está mi relación actual con el dinero?

PARTE II

ACTIVA LA ENERGÍA *yin*

El aire está en constante fluir y conexión. Con su fuerza suave y paciente, el viento moldea la roca; así el espíritu y tus pensamientos crean tu vida.

A continuación, los niveles que trabajaremos te mostrarán cómo moldear tus sueños con paciencia desde el espíritu hasta concretar el milagro.

ALFONSO LEÓN

ARQUITECTO DE SUEÑOS

5

BIENESTAR

En este capítulo nos conectaremos con nuestro centro, lo que está relacionado directamente con una palabra muy importante: bienestar. Una palabra que significa el equilibrio interno de nuestro cuerpo, mente y alma en función de todo nuestro sistema. El milagro manifestado de nuestro ser físico, emocional y espiritual.

Para alcanzar un nivel de bienestar óptimo debemos depurarnos tanto física como mental y espiritualmente. Estos tres elementos son fundamentales. Sin uno no se puede conectar el milagro de la prosperidad.

Es perfecto que este nivel siga en orden creciente al dinero, ya que en esta etapa vas a usar lo ganado hasta ahora para invertirlo en ti. Muchas veces se piensa que no debemos obsequiarnos nada, ni tomar vacaciones, ni darnos gustos, porque todo eso está visto como derroche. Ésta es la gran lección que quiero dejarte en este nivel: debes sentirte y estar bien.

El bienestar significa el equilibrio interno de nuestro cuerpo, mente y alma en función de todo nuestro sistema.

La prosperidad llega a nosotros cuando somos coherentes en nuestra mente, cuerpo y alma. No podemos esperar tener grandes ganancias si no logramos estar bien con nosotros mismos. En un ejemplo sencillo, si trabajamos con una máquina para tostar café, la misma es la responsable de nuestro primer sustento, debemos cuidarla. La atendemos, compramos sus repuestos al momento, colocamos el aceite necesario y buscamos hacer todo para que se mantenga en óptimas condiciones. De la misma manera debemos hacerlo con nosotros.

Presta mucha atención, mi guerrero de luz, ha llegado el momento de poner en práctica todo lo que te mostré en los niveles anteriores. El perdón, la aceptación de quién eres y el oportuno uso de tus ganancias son las herramientas que te abren las puertas a tu templo interno del bienestar.

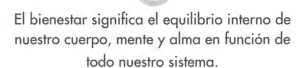

> La riqueza llega cuando somos coherentes en nuestra mente, cuerpo y alma.

Como es en el cielo es en la Tierra

El Universo, la energía a la que llamamos Dios y el Cosmos son infinitamente prósperos. Dios es la fuente ilimitada de los milagros. Pero, ¿sabías que, tal como las cosas son en el cielo, también lo son en la Tierra? Si somos hechos a imagen y semejanza de Dios, quiere decir que también somos prósperos. Toma conciencia de ello; piensa que tú también eres un ser rico, lleno de virtudes, con un gran potencial para generar riqueza. Todos quieren alcanzar la riqueza, pero muy pocos comprenden que ésta no se fundamenta sólo en atraer el dinero, sino en activar un sistema que consiste en dar con amor, para así recibir con amor y abundancia.

El bienestar y la paz

Dios es bienestar, equilibrio y armonía. Tenemos la tendencia a no entender que vivir en paz es la mayor riqueza. Vivir en ese estado de calma es lo que nos da la plataforma perfecta para seguir construyendo nuestros sueños y activando el milagro. Este precepto o cualidad parece sencillo de explicar y obtener, pero no lo es.

Aunque hablamos de paz, el estrés, la angustia, el caos y la anarquía reinan a nuestro alrededor.

Parece que aún no se ha descubierto el verdadero mensaje que encierra el bienestar con denominadores comunes como el amor, la justicia y la felicidad plena. Son pocos los momentos en los que lo concientizamos: cuando estamos relajados, cuando amamos y dejamos fluir nuestros sentimientos y cuando hacemos lo que nos gusta. ¿Son éstas las premisas para conseguir el bienestar? Sí, son parte de lo que puede conceptualizarse como armonía perfecta. Sin embargo, estos estados de tranquilidad muchas veces no tienen tanto que ver con lo que sucede a nuestro alrededor, sino con lo que pasa en nuestro interior, donde muchas veces se desatan las verdaderas guerras.

Los principios de la paz

- Surge desde dentro y está relacionada con el concepto de entrega. Pero la entrega pacífica no puede ser hacia aquello que es polarizado, ya que el resultado sería más conflicto. Simplemente hay que abandonar la polarización como factor de lucha.
- Cualquier compromiso con las fuerzas que dividen, oprimen y dañan conducirá a un mayor conflicto.
- Busca la forma de reconciliar lo que atrae a la unión total, por ejemplo, el sí con el no y otros opuestos.
- La paz no sólo se encuentra en la armonía, también puede estar en el conflicto. Cuando este conflicto es esencial para la armonía y el bienestar de todos, logra su cometido.

- La paz interior nutre la armonía externa y crece al igual que el "sí" y el "no", que se funden en un "tal vez", al igual que "tú" y "yo" nos fundimos en un "nosotros". Con la paz interna uno puede ser testigo de la armonía, aun en medio del conflicto. A través de la paz, una respuesta suave con frecuencia acalla una lengua llena de ira. Sonríe y respira. Así siempre serás emisor de la paz.

¿Cómo está tu espíritu?

El espíritu es la parte inmortal y eterna, es la chispa Divina que portamos en lo más profundo de nuestro ser; es ahí donde surge el verdadero milagro en nosotros. Es la fuerza de Dios, del Universo y la luz eterna e inextinguible que habita en nosotros. Tu espíritu te da la fuerza para evolucionar, transformar, vivir la paz, vencer y lograr el milagro. Como tu maestro de luz te aconsejo que no olvides superarte como ser humano y alimentar tu espíritu diariamente, lee cosas que te ayuden a elevar tu confianza, medita todos los días y aliméntate de manera sana para que tu energía vital siempre esté elevada.

Prosperamos en la misma proporción a la alegría que sentimos cuando vemos a los demás hacerlo. Sin embargo, ésta se te niega cuando sientes una gran culpabilidad por ser próspero, hostilidad o envidia hacia quienes prosperan. Por ello, cuando tú prosperas, todos pueden prosperar, porque en el Universo todo fluye con equilibrio y armonía. Si existe algún obstáculo o se desencadena una energía de baja vibración, todo se estanca. Por tanto, quienes tienen imágenes, sentimientos, acciones, diálogos y actitudes asociados con la belleza, la alegría, el amor y la prosperidad. Funciona en contra de aquellos cuyas imágenes, sentimientos, acciones, diálogos y actitudes se asocian con la fealdad, la autocompasión, las quejas, la envidia y la hostilidad hacia uno mismo o cualquier otra persona, grupo, raza o clase.

Si mantienes actitudes prósperas, incluso en estados de pobreza, y no permaneces en ellos, verás surgir los milagros en tu vida.

Quienes piensan, sienten, actúan y hablan de sí mismos como seres pobres y necesitados utilizan tres veces la energía de los que piensan, sienten, actúan y hablan de sí mismos como ricos y prósperos. Si tienes una actitud depresiva que conduce a la enfermedad física, espiritual, mental, social y económica, sólo atraerás estancamiento y pobreza. Si preservas en tu mente ideas que escuchabas desde la infancia, como: "Hay que sudar para ganarse la vida", "Si no trabajas duro, no obtendrás nunca nada", "La vida es dura", "Ser rico es malo", "El dinero es sucio", siempre atraerás estancamiento, obstáculos y escasez. Si mantienes actitudes prósperas, incluso en estados de pobreza, y no permaneces en ellos, verás surgir los milagros en tu vida. Conserva tu mente en los principios del bienestar y de la paz. Cada cosa tomará el rumbo que le corresponde en su momento perfecto y la energía del dinero fluirá como el agua.

¡Ámate, respétate y valórate!

Te regalo las tres palabras clave para que consigas todo lo que te propongas en tu vida. Recuerda que como te trates, así todos te verán y actuarán contigo; eres el único que tiene el poder del cambio. Estamos acostumbrados a abusar de nuestro cuerpo y mente. Tan necesitados de alabanzas para la satisfacción del ego que no sabemos dónde se haya nuestra verdadera felicidad. Genera tu propio bienestar. Piensa en positivo. No te angusties si las cosas no fluyen cuando tú quieres; espera, confía en tu gran poder creador y en Dios. Considera al dinero una energía cargada de amor. Entrégala con amor para que la recibas con creces. Verás cómo tu vida, tu familia y tu hogar cambian hacia la fortuna y la abundancia.

> Puedes tomar las riendas de tu vida y reorganizar tus prioridades colocándote en el primer puesto.

Veo a muchos seres maravillosos dejarse consumir por trabajos extenuantes sin tomar un descanso, que en ocasiones tienen mucho dinero, pero no con quién compartirlo. A veces viven enfermos de tristeza o de alguna condición de salud, actuando muy lejos de su balance y su paz interior. Todo eso puede ser diferente. Puedes tomar las riendas de tu vida y reorganizar tus prioridades colocándote en el primer puesto. ¿De qué se trata esto? Sencillo: comprométete contigo.

Busca todos los recursos que requieras para que tu vida sea lo que tú quieres que sea. Si ya has conseguido una vida plena y satisfecha, lo que te queda es cuidar de ella y mantenerte en el lugar donde te sientes bien. Eso significa que te ocupes de ti, de tu bienestar. Cuando tu pensamiento es de verdadera riqueza, tu hogar está en orden y tu cuerpo está cuidado.

Vence los tres venenos del alma

Te invito a que reconozcas tu grito del alma. Reflexiona todas las experiencias vividas, si no tienes la conciencia suficiente, irás dejando muchos ciclos abiertos, resentimientos o situaciones de mucho dolor en el entorno familiar, laboral y en el ámbito de pareja. Debes permitirte bajar la cabeza ante tu propio ego. Realiza una gran introspección para que reconozcas tus sombras; aquel proceso que te marcó en tu vida, te ha brindado una oportunidad de aprender. Carl Jung lo resume en una frase: "Uno se ilumina haciendo la oscuridad consciente". En la medida en que profundizas en tus procesos, más avanzarás en tu camino de bienestar.

Algo que aprendí estudiando budismo es que existen tres venenos que no permiten sanar nuestra alma: la ignorancia, el odio y el apego. Estos venenos se presentan en nuestro cuerpo en forma de enfermedades a las que a veces no les damos una explicación, y todas tienen su curación cuando nos permitimos escucharnos internamente. Regálate un poco de amor, de sencillez y, sobre todo, de humildad con tu recorrido en la vida.

El primer veneno es el apego. Entiende que nosotros llegamos a este mundo sin nada y nos iremos sin nada. La vida es para disfrutarla, para gozar del amor de tu familia, de los espacios en los que vives o de las ciudades en las que te encuentras, pero no te apegues. Cuidado si repites frases como: "no puedo vivir sin ti", "yo no puedo dejar mi casa o mi ciudad", "si no tengo este trabajo, no tengo nada". Si estás en medio de alguna de estas circunstancias, desde ya te digo: ¡Suelta! Simplemente déjate ir. Incluso como ejercicio, intenta realizar actividades sin esa persona o realizar viajes. Procura expandir tus límites. Deja que la vida siga su curso en libertad y armonía.

El segundo veneno es la ignorancia. Si crees que tienes la razón en todas las cosas que te rodean, estás cerrado a aprender nuevas lecciones. Siempre hay algo nuevo que aprender, que experimentar y que procesar. Incluso puede que tengas el conocimiento, pero te falta llevarlo al corazón, de esta manera lo integras y lo conviertes en sabiduría. En la actualidad hay una inmensa cantidad de información gracias a internet. ¿Crees que sabes todo? No. Hay mucha cantidad de nuevos conocimientos y mucho que actualizar. Siempre desde la humildad, no te dejes llevar por el ego creyendo que sabes más que todo el mundo.

El tercer veneno es el rencor. Quizás el veneno más dañino en la escala física, pues cuando tenemos odio o rencor lo manifestamos a nivel celular y por ello se generan enfermedades en nuestro cuerpo. Mucha atención aquí, somos energía, una fuente maravillosa que programamos con nuestra mente. Por eso cuando nos llenamos de esta emoción las cosas alrededor incluso pueden contaminarse, dañarse y entrar en procesos de descomposición. Por ejemplo, la rabia se encuentra vinculada directamente a procesos de cáncer. Entonces, no permitas tal cosa en tu alma. Fluye con la vida.

Acéptate y ríndete

Acepta cuál veneno te está afectando. Acepta que el freno que tienes para cumplir tus propósitos es tu responsabilidad. Deja a un lado las excusas y reconoce que no quieres asumir el compromiso de tu prosperidad. No acuses al país, a los padres o a equis circunstancia. Ten el valor de admitir que tienes algo que corregir, ya sea una mente programada para la pobreza, que estás acostumbrado al abuso o que a lo mejor no quieres asumir el compromiso de un mejor trabajo. Esto te permitiár ser consciente la oscuridad que te bloquea. Y desde ese reconocimiento, comenzarás a llenarte de paz y de sanación y así avanzarás hacia una mayor conexión con tu bienestar.

Ríndete ante ti mismo y no sigas luchando. Comienza a buscar tu equilibrio interno sin juzgarte por lo que pasó. Todo lo vivido hasta ahora es perfecto, tanto lo bueno como lo malo, porque todas estas experiencias son las que te permitirán renacer como el Ave Fénix. Te entrego tres palabras que te ayudarán en este nuevo proceso de sanación interna para que no las olvides: "rendición, reconocimiento y perdón".

> Desde ese reconocimiento, vas a llenarte de paz y de sanación y así avanzarás hacia una mayor conexión con tu bienestar.

Te invito a que antes de perdonar, te rindas ante ti mismo y ante aquellos que por cualquier circunstancia te generaron un gran dolor. Fuiste tú quien escogió esta situación o persona; para sanar de ahí, reconócelo en sus dimensiones física, emocional y espiritual. Él fue el ser elegido que te sirvió como maestro.

Es en este momento cuando puedes perdonar desde tu más profundo amor, respira y coloca en su lugar a quien corresponde, no ganas nada con ignorar y ocultar esta situación de dolor, ya que si a las heridas no se les hace su curación a tiempo sabes cómo se volverán. Sácalas, que a lo mejor han estado por bastante tiempo ocultas dentro de ti. Aunque no te gusten, te permitirás dar el gran paso de tu vida para que te rindas, te reconozcas y, sobre todo, te perdones. Ahí estará tu sanación.

Me doy el tiempo que merezco

Llegó el tiempo perfecto para que despiertes, tu mente existe en todas partes, no conoce límites de espacio, ni cronológicos. El error más común que cometemos es considerar al tiempo como algo que transcurre, como si fuera una corriente que avanza, enganchando inexorablemente un momento con el otro como si fuera una cadena, pero no debe ser así.

Te invito a que desde la paz de tus espacios, que hasta ahora has consagrado coordenada por coordenada, te tomes una pausa para cuidar de tu templo y reorganizar lo que sea importante. Incluso es la ocasión de evaluar si tu vida es como quieres que sea, si has hecho lo necesario para desarrollar el milagro; puedes evaluarte en el aquí y ahora.

Yo considero mi hogar como mi templo de luz, y por ello muchas veces ahí disfruto de la lectura de un buen libro, medito, agradezco y planifico las maravillosas nuevas etapas que el Universo me da con amor. Siempre debes darte esos días para recargar tu poder, para meditar, limpiar tus chakras y volver a alinearte energéticamente.

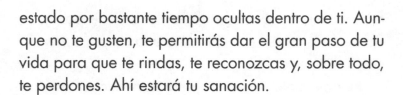

Recarga y alinea tu mente, cuerpo y alma

Hay dos grandes formas de enfocarte, la primera es el cuidado diario o semanal que te brindas. Como las afirmaciones diarias, o las visitas a un spa semanalmente. Hay personas que visitan una masajista cada semana, por ejemplo. En lo personal siempre busco recargarme en espacios con gran poder espiritual, como templos o lugares puros en la naturaleza. Siempre visito hermosos lugares asociados a grandes obras de arquitectura, eso me reconecta con mi misión de vida y me hace sentir pleno y satisfecho; de esto se trata este nivel.

Luego están las meditaciones y ceremonias que realizamos en cada fecha con gran poder astronómico: nuestro cumpleaños, el año nuevo chino u occidental. Cada uno de estos días con gran poder es ideal para nuevamente conectar nuestras almas a la prosperidad del planeta y del Cosmos. Estos periodos están conectados con las grandes fuerzas de la creación, así que aprovéchalos para que te sintonices en tu misión, realiza tu Mapa de sueños o escribe una carta de todo lo que quieres hacer.

Tres puntos esenciales

Cuando buscamos reconectar nuestra alma con la esencia de nuestra Divinidad, en ocasiones podemos perdernos, porque en la práctica se necesita enfoque para alcanzar ese punto álgido de bienestar.

Como ya te he dicho, debes apostar por ti, invertir, reprogramar tu mente, y en medio de ese proceso lo ideal es hacer pausas que de nuevo puedan darte el impulso para continuar hacia tu gran propósito.

Encontrar el punto de equilibrio, el centro de tu alma, requiere de tres pasos especiales, cada uno asociado a los tres elementos que componen nuestro ser: el cuerpo, la mente y el alma. A continuación te muestro las actividades para trabajar este valioso conjunto. Estos tres elementos, en conexión divina, engendran una magia espiritual que beneficiará todas tus actividades de aquí en adelante. Estamos hablando de la *reverencia*, la *intención* y la *oración*.

1. La reverencia

La reverencia es el manejo con nuestro cuerpo, es una salutación, una cortesía, una ceremonia gestual. Es la forma como manejamos nuestro cuerpo en función de algo, ya sea una terapia o una situación corriente de nuestra filosofía de vida.

Muchas religiones manejan las reverencias. Algunas como el hinduismo, el budismo y el islamismo poseen muchas ceremonias corporales, las cuales tienen un peso muy significativo. Es por eso que aquellas personas que hacen yoga, tai chi o cualquier ejercicio físico que tenga conexión espiritual obtienen con más facilidad su centro de vida, porque éstos son trabajos de *mudras* (reverencia) que se hacen en función del cuerpo y se convierten en una reverencia al Universo. El yoga te permite la sanación física de muchas cosas, pues se trata de una conexión en correspondencia física celular. Es el concepto de lo que explicaba del tao, la fusión del cuerpo y el alma en perfecta armonía.

Si lo vemos desde un criterio más básico, cuando vamos a una iglesia nos persignamos. Unir las palmas de las manos a nivel del pecho es una reverencia, al igual que cuando los budistas unen la mano derecha con la izquierda conectando los dos dedos pulgares a la altura del plexo solar, llamado el mudra de la compasión. Tenemos un gran poder en la forma como manejamos nuestro cuerpo, nuestro rostro. Igual sucede en la religión musulmana: cuando ellos van a adorar a Alá se inclinan hacia delante casi hasta acostarse, eso es una gran reverencia.

Estos actos hacen conexión de nuestra alma en función del Universo. Cada religión tiene la suya, y aunque no seamos discípulos de alguna creencia, si comenzamos a trabajar nuestro cuerpo en función de lo que queremos activar, comenzará a tener una connotación sagrada.

2. La intención

El segundo paso es la intención. No existe reverencia sin intención. Si junto mis dos manos en energía yin y yang, en estos dos opuestos que son complementos, automáticamente tengo una sintonía de mi cuerpo preparada para pedir al Cosmos.

La intención se manifiesta cuando nosotros concientizamos nuestro sueño en pensamiento positivo y queremos elevarlo al Universo entero para que todo comience a canalizarse en gracia divina, en honra, en reverencia. Esa intención, petición o como quieras llamarla es sólo tu mensaje llevándolo hasta el punto más sagrado de tu espíritu. En tu vida Dios colocó una partícula de la creación, ahí es donde se activará la frecuencia más alta de tu alma en consagración con cualquier oración sagrada que recites desde tu corazón. Es entonces cuando renacerá la magia más sutil y espectacular que te llevará a ver todas las señales conducidas a tu mayor propósito: tu sueño hecho realidad.

3. La oración

Tu expresión corporal es la reverencia y el mensaje es la intención. Para que esa intención se consagre y se haga realidad se emite una oración. Si conectas reverencia, intención y oración obtienes un poder muy grande.

Conecta el poder de los grandes mantras

OM MANI PADME HUM

Este mantra, que para nosotros los occidentales sería como una oración sagrada, encarna la esencia de la compasión de Buda hacia todos los seres vivos. Cuando viajé a Katmandú, capital de Nepal, me permití sentir y manifestar esta oración en mi vida. Las enseñanzas budistas explican que cada una de las seis sílabas que componen el mantra OM MANI PADME HUM tiene una virtud específica y poderosa para provocar la transformación en distintos aspectos de nuestro ser. Las seis sílabas purifican por completo las seis emociones negativas. La manifestación de la ignorancia, la primera en importancia, y que nos hace obrar de un modo negativo con el cuerpo, el habla y la mente, creando así el *samsara* y el sufrimiento que en él experimentamos. Por medio del mantra, el orgullo, los celos, el deseo, la ignorancia, la codicia y la ira se trasforman en su verdadera naturaleza, la iluminación, la sabiduría de las seis familias de Budas que se manifiestan en la mente iluminada.

Cuando pronunciamos el mantra OM MANI PADME HUM se purifican las emociones negativas que son la causa de los seis reinos del *samsara*. Es así como la recitación de las seis sílabas evita el renacimiento en los seis reinos y disipa además el sufrimiento inherente a cada uno de ellos. Al mismo tiempo, recitar OM MANI PADME HUM purifica por completo los agregados del yo, los escandas, y perfecciona las seis clases de acción trascendental del corazón, de la mente iluminada, la conducta armoniosa, la paciencia, el entusiasmo, la concentración y la sabiduría. Se dice también que OM MANI PADME HUM confiere una poderosa protección contra toda clase de influencias negativas y contra las distintas formas de enfermedad.

Cuando pronunciamos el mantra OM MANI PADME HUM se purifican las emociones negativas.

A menudo se le añade al mantra la sílaba HRIH, la sílaba semilla de Avalokiteshvara, de modo que se convierte en OM MANI PADME HUM HRIH.

HRIH es la esencia de la compasión de todos los Budas, es el catalizador que activa su compasión para transformar nuestras emociones negativas en su naturaleza de sabiduría.

Kalu Rimponché, un maravilloso lama, dice que, según otra manera de interpretar el mantra, se puede resumir que la sílaba OM es la esencia de la forma iluminada; MANI PADME, las cuatro sílabas centrales, representan el habla de la iluminación, y la última sílaba, HUM, representa la mente de la iluminación. El cuerpo, el habla y la mente de todos los Budas y *bodhisattvas* son inherentes al sonido de este mantra que purifica los oscurecimientos del cuerpo, el habla y la mente, llevando a todos los seres al estado de la realización. Sumado a nuestra fe y a nuestros esfuerzos de meditación y recitación, surge y se desarrolla el poder trasformador del mantra. Así podemos purificarnos de verdad.

Mantras de limpieza

OM AH HUM

Las sílabas OM AH HUM tienen un significado externo, un significado interno y un significado "secreto". Sin embargo, en cada uno de estos planos, OM representa el cuerpo, AH el habla y HUM la mente. Las tres sílabas representan las bendiciones transformadoras del cuerpo, el habla y la mente de todos los Budas.

Externamente, OM purifica todos los actos negativos cometidos por medio del cuerpo, AH los cometidos por medio del habla y HUM los cometidos por medio de la mente. Al purificar el cuerpo, el habla y la mente, OM AH HUM confiere la bendición del cuerpo, el habla y la mente de los Budas.

OM BENZA SATTO HUNG

El Buda de la purificación sea dentro de mí, personificando todos los Budas, por favor protege mi resolución de purificar todos mis karmas y siempre me conceda la habilidad de hacer a mi mente bondadosa, virtuosa, auspiciosa e inmensurablemente amorosa con la dureza indestructible de un diamante.

Hacia la plenitud

Cuando te permites sanar y entras a un sitio de oración, si tienes la apertura, sentirás una energía diferente. Esto ocurre en cualquier tipo de templo: desde uno budista hasta uno católico. Por eso es que la energía de la pareja es distinta cuando se casa sólo por lo civil y no por la iglesia. El matrimonio es un acto de consagración en cualquier religión. Esto no quiere decir que no se puede consagrar un matrimonio en una playa; es algo que está más relacionado con la actitud interna con que se afrontan los hechos.

Cuando consagramos nuestras actividades con fe aparece el milagro. Lo importante es estar conscientes de esto, porque cuando manejamos esa energía podemos influir de una mejor forma en nuestro alrededor. Por eso cuando viajes a Asia sentirás que muchas cosas son sagradas, sus recintos, sus jardines, porque utilizan mucho la consagración. A ti, que en este momento estás leyendo estas líneas, te invito a que te permitas consagrar lo que haces y hacerlo sobre todo con respeto y honra.

> Hay que purificar el cuerpo, porque al estar en contacto con gente o ir a ciertos lugares nos cargamos energéticamente de forma inconsciente.

En los capítulos anteriores hemos trabajado sobre todo lo físico, dándole así al cuerpo la parte yang (dinero, familia, amor). Ahora sentirás tu espiritualidad, tu estado yin. Y cuando fusionemos ambos nos acercaremos a la plenitud, al 100%, porque uno no puede ir sin el otro. La conciencia de esta realidad empieza a transformar el todo.

Hay que purificar el cuerpo, porque al estar en contacto con gente o ir a ciertos lugares nos cargamos energéticamente de forma inconsciente. El simple hecho de caminar por una ciudad hace que nuestra aura perciba una influencia. Eso se debe a que nosotros somos parte del todo, nuestro cuerpo funciona como si tuviera unos pequeños imanes que se conectan y vibran con todo aquello que entra a nuestra frecuencia.

Así como aprenderemos a canalizar nuestra energía espiritual, debemos también limpiar nuestra aura, pues nos ayudará a sentirnos libres de cargas energéticas. Te recomiendo que periódicamente realices baños de aromaterapia o masajes energéticos que te permitan trabajar tus energías de una forma holística. Esto te ayudará al equilibrio de tus chakras.

Siente y transmuta

Estar en plena conexión con el centro de tu alma requiere de un estado de atención constante sobre ti. De esta forma nada de lo que ocurra en el exterior te alterará de ninguna manera. Éste es uno de los ejercicios más poderosos y avanzados de la meditación profunda. También es uno de los más concretos para vincularse con la Divinidad, y simplemente requieren de tu absoluta conexión contigo mismo, sin escritos, ni símbolos. Simplemente tú en plena atención de tu cuerpo, mente y alma.

Consiste en que cada vez que experimentes una emoción negativa la uses para recordarte qué es lo que realmente quieres. Cuando estás en equilibrio, tu ser real fluye sin interrupciones por toda tu alma y experimentas un gran bienestar. Una emoción negativa sólo te recuerda y avisa, mediante el malestar, que te has desalineado de tu ser real; es decir, la presencia de Dios que habita dentro de ti.

La vida diaria suele presentarnos desafíos y rutinas que nos alejan de la paz y el equilibrio emocional necesarios para sostener nuestras creaciones en amor. Para cocrear nuestra vida en armonía con la Divinidad, es necesario sostener nuestras emociones en un estado de profunda conexión con la vida y la fuente infinita de amor. Es necesario que sostengas tus emociones para que no entre en ellas el desbalance.

Mantente siempre en el agradecimiento por todo lo que te ocurra. Esto es lo que permite que nuestra vida presente armonía y permanezca alineada a la voluntad divina del amor. Es la forma en que nuestras emociones se sostienen en la alegría, la paz y la gratitud.

FENG SHUI PARA EQUILIBRAR EL CENTRO DE TU HOGAR

El centro es dominado por la energía del elemento tierra, que es activada por las formas circulares y los colores ocres, amarillos y cafés. Es el nivel más hermoso y poderoso, pues es donde trabajamos el equilibrio interno. Les recomiendo que analicen sus espacios y su cuerpo. Para que lo que realizas tenga trascendencia, hay que hacer un acto de consagración y así conectar nuestra parte espiritual con nuestra parte física.

En tus espacios debe regir el orden, la armonía, incluso si tienes representaciones religiosas procura que estén ordenadas de manera coherente. No sobrecargues tus espacios, no por tener más imágenes tendrás mayor comunión con lo divino. Busca en cambio el minimalismo, la limpieza y el orden. Es una lección de las más importantes que te voy a brindar. Además, sé consecuente con la limpieza energética tanto de tu cuerpo como de tu hogar u oficina. Esto es de gran importancia.

Consagración de los cinco elementos

La mesa del centro de tu sala es un punto focal de gran poder energético. Esta consagración es una de las más poderosas en Feng Shui porque activa en el hogar el equilibrio de los cinco elementos de la naturaleza: agua, madera, fuego, tierra y metal.

Se realiza en el centro porque desde aquí irradia al resto de tus espacios y te permite tener orden en la energía que activas en tu vida. Desde este punto potencias la energía de prosperidad que fluye desde la fuente a tu interior y a tus proyectos. ¿Qué requieres para conectar con tu prosperidad?

Material

- Recipiente de cristal
- Velas flotantes
- Flores o pétalos de rosas
- Agua cristalina
- Piedras de cuarzo

Procedimiento

1. Ubica el recipiente de cristal con agua en el centro de tus espacios.
2. Coloca piedras de cuarzo o piedras decorativas en el fondo.
3. En la superficie coloca velas flotantes y flores flotantes, también puedes usar pétalos.
4. Una vez esté listo, medita serenamente delante de ese recipiente. Retírate al silencio. Siente tu cuerpo inhalando y exhalando. Busca vaciar tu mente y simplemente deja que la Divinidad te toque.
5. Afirma: "Vivo en equilibrio de mente, cuerpo y alma". Mientras colocas ahí una moneda. Puedes pedir un deseo cuando haces esto.

6. Esta ceremonia te dará la apertura que necesitas para centrarte en tu capacidad de obtener todo lo bueno que el Universo puede darte.

La energía del merecimiento

Pocas veces las personas se preguntan por la visión que tienen de sí mismas. Sí, quieren obtener dinero, belleza y amor, pero no se han preguntado si están verdaderamente abiertos a recibir todo. Concentra tus pensamientos un momento y medita: ¿Merezco la felicidad? ¿Me considero merecedor del deseo que estoy consagrando con los cinco elementos? Si hay duda, vergüenza o reproche de algún tipo en tu emoción o pensamiento mientras consagras tu deseo, no conectarás con la prosperidad que por derecho de nacimiento te pertenece.

Es de suma importancia que sepas, sientas y actúes entendiendo que eres merecedor de todo lo que te propongas. Cuando vas a pedir algún deseo debes saber que lo mereces. Fíjate muy bien que sea un deseo de corazón, en profunda conexión con tu alma. Visualiza la realización del deseo y siente cómo se manifiesta. Sostén la imagen en tu mente unos instantes. Esto activa el equilibrio, la unidad y la fuerza del Feng Shui en tu alma y tus espacios.

Limpieza energética

Para recibir un nuevo ciclo en apertura transformando el karma personal y abrirnos a la abundancia, limpiamos tanto nuestra aura como nuestros espacios. Puedes realizar esta limpieza una semana antes de recibir tu cumpleaños, el nuevo año o cuando quieras emprender algo importante. Puedes usarla después de cortarte el cabello para trasmutar y remover todas las energías que absorbió tu aura; así queda limpio tu campo energético y el de tu hogar, abriendo el espacio para recibir todo lo bueno que traerá tu cambio.

Pasos para realizar esta limpieza personal y del hogar para atraer prosperidad:

1. Limpia energéticamente tu hogar colocando sal marina gruesa en las esquinas extremas de tu casa, déjala ahí de un día para otro. Al día siguiente barre vestido de blanco de adentro hacia afuera todos tus espacios. Saca todo hasta el exterior de la puerta principal de tu hogar y bota toda esta sal que se barrió, igual que la escoba y tres cosas de tu cocina.
2. Enciende grupos de nueve inciensos de sándalo y pásalos por todos los rincones, clósets y por debajo de las camas diciendo el mantra del OM AH HUM en múltiplos de 9 visualizando que toda la mala energía sale de tu hogar.
3. Coloca nueve gotas de esencia de menta, limón, lavanda o mandarina en agua (en un difusor o

sachetero) para que el vapor se esparza por tu hogar. Di 27 veces este mantra de limpieza: OM BENZA SATTO HUNG. Piensa cómo se disuelven todas las acciones negativas que sucedieron en este ciclo que concluye.

4. Al terminar de limpiar tu hogar enciende en tu baño tres varitas de incienso de sándalo, entra a la ducha y comenzarás a decir el mantra de limpieza: OM BENZA SATTO HUNG en múltiplos de 9 visualizando cómo sale de tu mente y tu cuerpo cualquier energía negativa que te está bloqueando en ese momento. Deja que corra sobre ti bastante agua y luego exfolia todo tu cuerpo con sal marina fina, preferiblemente de estas composiciones: romero, coco y alcanfor, en especial las palmas de tus manos, pies y todos los puntos energéticos de tus siete chakras, llevando luz a cada parte de tu cuerpo, crearás así una nueva aura de prosperidad alrededor de ti.
5. Baña todo tu cuerpo con un jabón de coco orgánico natural pronunciando en múltiplos de 9 el mantra OM AH HUM.
6. Sigue limpiando tu cuerpo en forma circular ahora con gel de ducha que contenga algunos de estos ingredientes: cítricos, menta, jengibre o verbena, diciendo este mantra OM MANI PADME HUM HRI; sentirás una sensación de liberación.
7. Un día después de iniciar el nuevo ciclo te recomiendo hacerte un baño dulce con fruta picada

y miel, agradeciendo todo lo que vendrá para ti en este nuevo tiempo. Pronuncia afirmaciones de prosperidad.

8. Al finalizar tu baño energético estrena una toalla o paño blanco. Agradece y quédate un momento en meditación, respirando y sintiendo cómo se transformó tu energía física.

Que esta renovación y limpieza energética de tu casa y de tu ser para los nuevos ciclos te haga empoderar y hacer brillar tu aura. Que todo lo que te propongas realizar en este comienzo de tu vida se materialice en la más alta frecuencia y en prosperidad total.

Otras limpiezas

Es importante mencionar las limpiezas sonoras, las cuales consisten en sonidos alrededor de tu cuerpo que pueden realizarse con campanas tibetanas o con simples aplausos.

Otra limpieza es la que se hace con el incienso, un elemento que proviene de Asia y que ayuda a purificar. El humo tiende a irse hasta los rincones más profundos y así los limpia. Quiero enseñarte una limpieza para purificar los espacios de tu hogar. Si la quieres hacer, recuerda que debes tener mucho cuidado. Coloca alcanfor triturado en un recipiente metálico con sujetador, luego sal marina. Luego agrégale alcohol azul para quemar. Al encender esta mezcla saldrá una llama. Pasa ese fuego por toda tu casa con precaución, y así limpiarás las energías conflictivas y malignas. Si la llama es azul, tu casa está en un buen estado de equilibrio. Si se torna amarilla o negra, hay una carga negativa, pero con este fuego será transmutada. Al terminar cualquier limpieza energética del hogar te recomiendo decir 108 veces el mantra OM AH HUM o el mantra OM BENZA SATTO HUNG.

Eleva tu bienestar

Aplica a partir de este momento los pasos que te doy desde mi amor para recuperar tu confianza. Tu autoestima mejorará poco a poco todos los días desde tu interior y sin importar las circunstancias externas. Aquí aprenderás a asumir tu propia responsabilidad y actuar en correspondencia.

1. Vive consciente y respira

Vivir consciente significa mantenerte alerta de tu manera de comportarte y tus reacciones ante las situaciones de la vida diaria. También es importante que vigiles tus pensamientos y todo lo que constantemente te estás diciendo.

2. Valórate y medita

Esto es algo que conseguirás poco a poco, conforme vayas poniendo en práctica estos ejercicios. Lo que tienes que hacer es identificar cada vez que te digas a ti mismo algo que te quite valor y cambiarlo por una idea que te brinde valor. Por ejemplo: "Yo soy el hijo predilecto del Universo". O puede ser algo más personal como: "Aprendo cada día algo nuevo, tengo la capacidad de hacer todo lo que me propongo".

3. Supérate y fluye

Reconoce cuáles son las habilidades o capacidades más importantes para ti. No importa si no te crees capaz de desarrollarlas. Si es importante para ti, puedes aprender cualquier cosa. Conecta con la pasión de tu alma, ésa es la única aprobación que requieres para sentirte bien, satisfecho y pleno.

4. Motívate y proyecta

Siéntete motivado constantemente para que seas perseverante y puedas lograr tu meta. Busca aquello que te apasiona. Conecta con cada idea, lugar o persona que te mantenga en el entusiasmo, que te brinde palabras que te motiven, que te diga lo bueno que eres en la habilidad que deseas desarrollar. Si tú lo deseas el Universo te abrirá el camino. Aprovecha la oportunidad que te da la vida.

- Escribe esta afirmación tres veces: "Soy un ser radiante, lleno de vitalidad y disfruto de la vida al máximo". Repite esta frase cada mañana.
- Escríbeles a tres amigos o familiares que quieras apoyar en sus caminos, elévales el ánimo. Envíales un mensaje positivo desde tu corazón. Sólo por hoy, haz algo por los demás y algo por ti. Actúa según la conciencia que deseas despertar en ti mismo y en tu entorno.

El centro: conexión con tu bienestar

Antes de continuar, responde:

¿Me siento centrado o enfocado en este momento? ¿Qué hago para volver o mantenerme en el foco?

¿Me encargo de mi bienestar físico con actividades como el deporte, el contacto con la naturaleza, entre otros?

¿Cuánto tiempo medito al día para entrar en contacto con mi maestro interior?

¿Cómo se encuentra mi pensamiento? ¿Es positivo?

¿Qué actividades hago para adquirir mi equilibrio mental y emocional en conjunto con el físico?

6

AGRADECIMIENTO

Cuando nosotros agradecemos, es que comenzamos realmente a vivir. Depende de tu actitud que cada día sea maravilloso o no lo sea. Todos los días escribimos el libro de nuestras vidas, somos autores y protagonistas de nuestra existencia, del milagro de la vida. Te invito a que decidas vibrar en positivo, en sintonía con lo maravilloso que te ofrece la vida. Vibra en la energía del amor, piensa en el milagro de tu cuerpo, de tu mente, de tu corazón y da gracias por todo ello. Eres parte del todo, estás unido al Universo, tienes chispa divina en tu interior, eres un milagro, eres parte del Universo. Mira tu grandeza.

Cuando damos gracias es cuando realmente nos sentimos vivos y plenos. La gratitud está basada en la premisa de transformar tu visión de la vida hacia un enfoque positivo, que es el que te permite agradecer lo que el Cosmos te otorga con amor. Sus grandes aprendizajes y lecciones de vida son parte de tu evolución. Esta ley es muy especial porque te permite redescubrirte como ser humano dentro de un entorno en donde debe coexistir la hermandad. Sólo necesitas decir: ¡*Gracias, Padre, gracias, Madre, gracias por este día!* Desde la gratitud activas el amor, la compasión y el bienestar en tu vida de inmediato. Sólo desde ahí, dando las gracias y mirando a los ojos del otro, podrás sentirte parte del Universo. En la forma en que tú te permitas decir: *Gracias, mamá, gracias, amigo,* mirando al alma de la otra persona, es como bendices su Cristo interno y el tuyo también. Pronuncia siempre por cada acción que salga desde tu corazón y por aquellas que recibas de otros la frase clave del *Ho'oponopono*: *Gracias, gracias, gracias.*

Lo mejor que puedes hacer todos los días
de tu vida es agradecer.

Agradezcamos a Dios, al Cosmos y al Universo por la luz que cada día se levanta por el horizonte. El Sol, con su gran energía, hace posible la vida en el planeta desarrollando con la Madre tierra su gran riqueza y abundancia. Por ello, lo mejor que puedes hacer todos los días de tu vida es agradecer. Éste no es más que aquel sentimiento de satisfacción de saber que la energía que tú has dado con amor, puedes recibirla como una hermosa recompensa de acuerdo a la inmensa misericordia y compasión divina. ¿Cómo sucede esto? Gracias a que esa energía se mueve en una línea curva, tal como un búmeran. Cuando se extiende lo suficiente, sólo puede volver a su fuente trayendo para ti grandes bendiciones; riqueza; prosperidad; bienestar y dicha, además de los favores apropiados que mereces según tu karma y acciones de vida.

Tal como es, es perfecto

Cada experiencia que hemos experimentado es lo que conforma nuestro camino de vida, por ello agradecerlo es lo que te libera. Ya hemos trabajado el perdón y lo importante de la reprogramación. Ahora en este nivel ha llegado el momento, estás listo para comprender que el agradecimiento es fundamental. Para terminar de aceptar que lo vivido ya está en el pasado y es tal como es. Muchas veces las personas piensan que deben cambiar sus pasados, y ahí pierden una valiosa energía. Un increíble poder se les diluye y como agua se filtra por sus manos y no lo comprenden.

Es importante que comprendas que cada espacio vivido es maravilloso y te hizo lo que eres. Debes preguntarte: ¿Yo soy maravilloso? La respuesta es sí, lo eres. Estamos aquí, transitando este camino de la vida para trascender, crecer, aprender, experimentar, tomar conciencia del regalo maravilloso de nuestra vida. Todo lo que sucede en nuestro camino nos ayuda a evolucionar y por ello debemos agradecerlo. Celebra el milagro de estar vivo. Tu espíritu no sólo está en ti, sino en todos los demás seres y en todo lo que existe; imagina la escala de tu relevancia en este planeta.

> El agradecimiento se trata de reconocer al máximo con tu actitud todo lo maravilloso que eres y tienes.

Imagina que cuando miras el Universo estás mirando tu espejo, todo el sistema solar está en constante cambio y evolución. Todo completo al servicio de tu propósito. Asumir este poder es lo que te brindará la satisfacción de vivir en prosperidad. De eso se trata el agradecimiento, de reconocer al máximo con tu actitud todo lo maravilloso que eres y tienes. Tal y como ha sido es perfecto.

Si no estás atravesando procesos retadores, entonces vives por vivir y no tienes un sueño en la vida. Éste es el momento de imaginar que el Universo entero está siendo representado en tu interior; tal y como se mueve y manifiesta, es una reproducción de lo que eres y actúas.

Muchas personas quieren que Dios cumpla sus sueños, pero no quieren atravesar procesos. Déjame decirte que para llegar al cumplimiento de tu propósito divino necesitas transitar el camino, ya que de otra manera no estarás capacitado para lograr tus metas. Simplemente no ocurrirá. De ahí la importancia de agradecer cada momento, cada situación, cada lección. Cuando vives y asumes todo esto desde la mejor actitud, desde el agradecimiento, todo en tu vida comenzará a fluir hacia el éxito. Las personas agradecidas, son bien nacidas.

¿Qué problema hay con el existir?

El existir está vinculado con nuestra consciencia plena. Se trata de cómo te permites simplemente agradecer por quién eres, y por tu día a día. Se trata de que te conectes en una nueva frecuencia. Porque muchas veces desde que algunas personas se levantan colocan su foco en el error, el juicio o la crítica. En estos tiempos, algunos se levantan y van al teléfono y revisan las redes sociales o los noticieros y enseguida se llenan de pensamientos de condenación hacia otros. No se permiten un despertar en agradecimiento, en valoración de la belleza del sol que se eleva. En el amor de tener a la persona amada al lado o de simplemente haber pasado una noche de descanso. Tienes que cambiar esa programación caduca, de la que ya hemos conversado, para conectarte con la belleza del existir.

La vida es frecuencia, si conectas con la queja, vives en ella y eso atraes. Si te conectas desde el agradecimiento entras en una conexión con Dios, hallarás un punto de balance que te permitirá fluir hacia una vida de creación, sabiduría y amor. Esto es un compromiso que debes asumir si en realidad deseas transitar el camino hacia la prosperidad. Debes estar muy seguro de ti mismo, entender que desde las más pequeñas ideas que pasen por tu mente, hasta las grandes acciones, tienes que enfocarlas hacia la vida.

Actúa en pro de ti

Lo que decidas hoy o lo que te permitas construir durante las próximas horas, va a suceder en tres días, en un mes o en años. Por ello, agradeciendo al Universo por lo que te ha dado, por tus acciones hechas desde el corazón, es como vas a conseguir más bendiciones. Pero si eres desagradecido, funcionas desde la crítica y desde el apego, generarás en tu vida sólo el sufrimiento que vas a estar arrastrando en lo sucesivo. Por ello nos amaremos y respetaremos realmente. Sólo desde el agradecimiento es que evolucionamos. Agradece una y mil veces, así alcanzarás niveles de consciencia basados en la sabiduría y el amor que tanto necesitas en la construcción de una nueva era de luz. Recuerda que agradeciendo lo que ha pasado en tu vida, sea bueno o no, sanarás lo que ha sido generado por tus propias acciones y karmas.

El despertar

Te invito a que antes de levantarte medites al menos cinco minutos. Si puedes que sean 15 o más. Lo importante es que tomes ese momento en la mañana para meditar. En esa meditación lo único que vas a hacer es agradecer por las cosas más sencillas. Encuentra cada día un motivo por el que dar gracias. Puede ser simplemente por el milagro de estar vivo. Esto te brindará una maravillosa conexión. Puedes afirmar:

> Gracias, Dios, por lo que somos, por esta conexión de cuerpo, mente y alma. Agradecemos por nuestro equilibrio y nuestra divina presencia sintiendo el poder creador de Dios que actúa a través nuestro.

Todos los días existe la oportunidad de que cualquier cosa se te otorgue. Nadie nos limita nuestros sueños, Dios es un sí de amor y Él nos dice: "Sí, hijo, haz lo que quieras". Es menester agradecer a las personas que tenemos a nuestro alrededor, así como todo lo que hemos hecho en nuestra vida. Otras afirmaciones de gran poder como: "Gracias, Padre, por este día en el cual me siento bien". Una que considero muy valiosa es: "Mientras abro mis ojos cada mañana, cualquier milagro puede suceder, gracias, Padre".

En la medida en que profundices este ejercicio, puedes hacer una lista de las cosas maravillosas por las que dar gracias. Mantenla en tu mesa de noche y cada mañana o en la noche relee cada uno de los dones que ya la Divinidad te ha otorgado. De esta manera tu mente irá asumiendo una nueva forma de conexión, y antes de que te des cuenta habrás apartado la queja de tu vida.

Los pensamientos son energía

Pueden ser de una frecuencia de energía alta o baja. La frecuencia de energía baja contamina todo lo que toca. Cuando uno se mantiene pensando negativo continuamente, en lo que uno piensa, en eso se convierte. Poco a poco uno le va dando fuerza a esa negatividad y se va haciendo más negativo y más miserable. Tenemos que mantener un balance entre lo que pensamos, lo que hacemos y lo que decimos, porque somos responsables de lo que pase.

La pasión es eso que nos hace existir, eso que nos motiva a hacer algo, a hacer que pase, a hacerlo bien, a conseguir ese detalle que nadie ve, ese deseo de hacer, ese sentido de pertenencia que tenemos por algo, eso es la pasión. Si lo que haces no te apasiona no tiene ningún sentido, no lo vas a hacer bien. Si lo que te apasiona es insólito, más insólito es que *no* lo hagas. La pasión, cuando se siente y se descubre, es irremediable, nadie puede con ella. Si nunca has sentido eso, búscalo, ya que tarde o temprano lo vas a encontrar. A todos nos apasiona algo, y si no sabes qué es, ya lo encontrarás.

Asume tu responsabilidad y transforma esa energía.
Siempre tendrás la oportunidad de cambiar tu realidad.

No se trata de ver algo malo como algo bueno o de ver algo catastrófico como algo maravilloso, el mirar el lado bueno de las cosas es otra cosa. Hay personas que tienden a fijarse únicamente en los aspectos negativos de la vida, a pensar que las cosas están mal y van a seguir igual o van a ir a peor. Estas personas parece que tienen una capacidad especial para detectar las cosas que van mal y cuando ocurre algo malo se centran en eso, en lo negativo, pero no para solucionar la situación sino para quejarse y reforzar su idea de "lo mal que están las cosas". Lo negativo siempre es grande, siempre es importante.

Cuando miramos el lado bueno de las cosas no negamos el lado malo de lo que ha pasado (que además suele verse de forma más automática), simplemente vemos que también puede haber una parte que no veamos y que puede ser positiva. Busca el lado positivo de lo que te sucede, todo es un aprendizaje y si no eres capaz, y eres de esas personas que tienden a centrarse en lo malo, mira el lado positivo de ese problema que tienes, toma acciones a partir de hoy. Asume tu responsabilidad y transforma esa energía.

¡Conecta tu ser espiritual!

Cuando te respetas tienes la capacidad de respetar todo lo que te rodea. Debes comprender que todo lo que llega a tu vida es perfecto, por ello lo debes honrar y agradecer. Cada persona que está en tu vida desde el momento que naciste ha sido tu maestro. Todas las personas que están a tu alrededor forman parte trascendental de tu vida. Ahora debes preocuparte por ser lo mejor para todas ellas. Porque como ellas te influyen, tú las influyes a ellas y por ley de vida se están uniendo en frecuencia y vibrando para alcanzar sus propósitos.

La misma actitud de honra debes tener para los sucesos que ocurren en tu vida, pues lo que sucede es lo que debía suceder. No puedes seguir ahí flagelándote, sintiéndote mal y deseando que las cosas fueran diferentes. ¡Basta ya! Comprende que lo hecho, hecho está. El pasado no puede modificarse, pero sí agradecerse, porque cada evento ocurrido es lo que te ha convertido en quien eres hoy. Imagina la maravilla, siendo la belleza de espíritu que has alcanzado. Al contrario de quejarte, debes dar gracias por cada situación que te dio la oportunidad de crecer.

Dar gracias te abre a nuevos caminos, a nuevos formatos, a nuevos espacios. Recuerda que, así como das, recibes. Así que reverencia a la vida por todos los dones maravillosos que te otorga. Recuerda que Dios le entrega a cada ser lo justo, lo que sabe que puede superar para alcanzar su más preciado sueño. Agradecer te abre las puertas al disfrute pleno de la vida. Te invito a abordar el tema de los placeres de la vida. Ya hemos visto tu misión, el amor, la familia, el dinero, el bienestar. Aquí es donde agradecemos por todo esto.

Comprende que lo hecho, hecho está. El pasado no puede modificarse, pero sí agradecerse.

Coloca tu atención donde importa

¡De ahora en adelante enfócate en tus objetivos de vida y verás cambios transcendentales! A partir de ahora, sin excusas ni dramas, debes enfocarte en buscar esa actividad que te apasione y verdaderamente te llene. Debes buscar una relación profunda con tu destino y asumir tu responsabilidad, una relación de agradecimiento mutuo con tu ser y tu entorno. ¿Cómo estás creciendo positivamente? Experimentar con lo nuevo es el mejor camino para saber lo que realmente queremos en la vida.

Teniendo claro tu propósito toma acción, es momento de enfocar tu energía en ese camino por elección. La vida es tan generosa que cuando siente el enfoque y el amor, el Universo, te guiará por el camino correcto y de felicidad en el proceso de llegar a tu meta.

Practica constantemente Feng Shui, esto te ayudará a ordenarte, armonizar tus espacios y mantendrá tu mente clara, libre de conflictos externos e internos. Esta filosofía va de la mano con el enfoque hacia la vida diaria. Comienza por dominar las coordenadas de tu hogar y en especial donde queda tu norte, para que emprendas con fuerza el viaje de tu vida.

FENG SHUI PARA HONRAR A NUESTROS ANCESTROS COORDENADA NOROESTE

A la hora de agradecer es importante conectarnos con nuestro nivel sagrado. Por eso recomiendo que en la casa se tenga un espacio que simbolice la conexión con nuestra creencia, con imágenes o las piezas que consideremos válidas. Debemos crear un punto de conexión físico donde se materialice ese agradecimiento. Por mis profundos conocimientos en Feng Shui, les puedo decir que el sitio ideal para colocarlo es la coordenada noroeste de nuestra sala u oficina.

Ésta es la coordenada donde se mueve la energía del elemento metal, y por lo tanto se activa con los colores blanco, plata, gris y dorado. Las formas de esta coordenada son las semicirculares. En ella se trabaja el agradecimiento y el disfrute con los que la vida nos premia. Lo primero que debemos trabajar en esta coordenada es el agradecimiento. En ese sitio tendrás una conexión con lo divino, cualquiera que sea la cultura, religión o creencia espiritual que practiques, porque lo válido es la forma como representes lo sagrado energética y físicamente en tu espacio.

El noroeste es la coordenada donde se mueve la energía del elemento metal, y por lo tanto se activa con los colores blanco, plata, gris y dorado.

En lo particular respeto todas las religiones, creencias o cultos, porque toda persona tiene el derecho a creer en lo que le parezca, pues todos manejamos el concepto de la fe, es decir, todos tendemos a creer en algo, indistintamente de lo que se muestre en la doctrina religiosa. Lo que sí me parece inadecuado es que se coloquen muchas imágenes combinadas de diferentes creencias. Me refiero a colocar una imagen de Buda al lado de una imagen de la Virgen del Carmen, pensando que si no nos ayuda uno lo hará la otra, porque eso es actuar desde el miedo y pensar que lo más sagrado es débil.

La energía de los muertos

En mis consultas me preguntan a menudo por las personas fallecidas. La cultura asiática nos enseña que ellos transcienden, porque se elevan a otro plano sagrado desde donde pueden ayudarnos. Hay que recordar que todo ciclo que vivamos hay que agradecerlo, pues cada paso ayuda a experimentar, a entender y a evolucionar en muchas cosas que estás sanando. Sí, la muerte nos lleva a vivir un periodo de duelo y forma parte de una transición que todos experimentamos a través de seres queridos. Es una oportunidad más de dar gracias por la vida que disfrutamos junto a ellos y por la oportunidad de aprender de esa tristeza.

Hay que tener presentes y en buena forma a nuestros queridos difuntos, porque a pesar de que pasamos por un proceso de duelo, estos seres nos pueden tender su mano desde la dimensión donde se encuentran. Esto es honrar a nuestros ancestros. Cuando reconocemos nuestras generaciones pasadas sentimos todo el apoyo, el fortalecimiento y la gracia de todas las dinastías que hicieron posible un maravilloso camino en este mundo para que ahora tú, en el milagro de tu vida, puedas cumplir tu gran propósito, tu maravilloso sueño, donde todos ellos desde el nivel que están te estarán apoyando.

Hay que tener presentes y honrar a nuestros seres queridos que ya no se encuentran con nosotros.

Altar sagrado

Es recomendable colocar en ese sitio sagrado de la coordenada noroeste, preferiblemente de tu sala, recuerdos de los familiares fallecidos. Si quieres colocar sus fotografías, el Feng Shui sugiere hacerlo en marcos plateados, acompañados por una flor blanca, una vela decorativa blanca y un cofre plateado lleno de monedas nacionales o extranjeras, así activarás también el elemento metal. Dentro de ese cofre colocarás la petición a tus ancestros, por ejemplo: "Yo [coloca tu nombre] agradezco [coloca tu petición]".

El agradecimiento a tus ancestros tiene un gran poder porque ellos te han precedido, y si no te dejaron grandes fortunas materiales, sí te heredaron todo un código de cultura y creencias que forman parte de lo que eres. Imagina el valor de esa herencia; es tan importante que la llevas en tu alma. Es conveniente que decidas honrar a los seres desde la felicidad, y veas a los hombres y mujeres desde sus almas maravillosas. Aleja la idea del dolor y el sufrimiento por su partida. Busca verlos desde todo lo bueno que te han dejado.

Es conveniente que decidas honrar a los seres desde la felicidad, y veas a los hombres y mujeres desde sus almas maravillosas.

Desde lo positivo, ellos apoyarán tu petición desde donde se encuentren. Ésa es una energía y una magia que ellos pueden ayudar a canalizar. Haz la prueba. Pídele a alguien de tu familia que se encuentre en otro plano que te dé luz y verás los resultados. Por eso los asiáticos les dan el lugar que les corresponde a sus antepasados, ubicándolos en un lugar muy especial de su hogar.

El disfrute

El disfrute de la vida es muy especial porque es uno de los elementos que nos enseña a saber vivir en plenitud. Este paso consiste en ir más allá de sentir agradecimiento; se trata de expresarlo con todas nuestras acciones, hasta cuando damos un abrazo, gesto que siempre debe ser fuerte y del corazón.

Cuando logramos alcanzar esta profunda conexión con Dios, vivimos cada día como si fuera un evento místico y es entonces cuando vemos los milagros.

Lo común es que digamos que "aparecen los milagros", pero la realidad es que es nuestra apertura a lo divino la que permite que nuestros ojos vean la magia que ya está ahí manifestándose, pero que antes no lográbamos ver por estar en una frecuencia diferente. Y ahí comenzamos a ver la existencia en su verdadera dimensión de riqueza.

Muchas personas tienen mucho dinero, pero no disfrutan lo que tienen. Acaparan grandes cantidades o crean grandes fortunas, pero no se permiten viajar con sus seres queridos o brindarse un buen placer de vida. Es importante cuidar del trabajo, pero se debe sacar el tiempo también para el disfrute porque esto lo pide el alma, y si no se le da el cuerpo manifestará la incomodidad a través de alguna condición. Recuerda que es muy desagradable tener que descansar de forma obligatoria por estar de reposo en casa o en una clínica incapacitado con una enfermedad.

Agradezco este día en mi vida, estoy en evolución y transformación constante.

Activa los viajes en conexión con la prosperidad

Las personas deben conectarse con todo lo que es el disfrute. Hay una actividad que es muy placentera: viajar, visitar otros sitios y traer cosas nuevas. Una de las mejores curas para generar viajes consiste en la colocación de barcos y veleros, piezas que simbolizan el trasladarse de un país a otro. Hay una maravillosa cura del Feng Shui que me fascina y es conseguirse un barco de velas abiertas. Colócale una docena de lingotes chinos dorados simulando que son de oro, 27 monedas pintadas de dorado y piedras de cuarzo semipreciosas. Es como si sintieras que este barco te trae fortuna de otras tierras, que estuvo en un sitio repleto de riquezas y ahora te trae todo lo mejor. Lo ideal es colocarlo en la entrada de tu casa u oficina en una mesa baja y con la proa apuntando hacia el interior del espacio que no dé hacia una ventana o un baño, porque sería como si botaras toda esta energía de riquezas.

Cada cierto tiempo es recomendable hacer un viaje dentro de los recursos que tengas. Es más, cuando uno se siente estancado, la mejor forma de activarse es viajando. Se dice que mientras más lejos, mejor. Los budistas señalan que el hecho de cruzar océanos es una limpieza energética muy poderosa para tu aura, y de eso te das cuenta al volver, porque tienes otra concepción de la vida y quieres hacer cosas diferentes. Es como si vivieras una reestructuración motivada por el conocimiento de otras culturas, personas, sabores, etcétera, porque nosotros evolucionamos al conocer nuevas cosas, lo que activa procesos de transformación en tu diario vivir.

Cuando uno se siente estancado, la mejor forma de activarse es viajando.

Es significativo también tener fotos de viajes. Es decir, en todos los sitios a donde viajes tómate una fotografía que luego colocarás en un corcho, un *collage* o simplemente en un marco plateado, porque es estimulante observar hasta qué punto tus sueños pueden hacerse realidad, ver hasta dónde puedes llegar. En el mapa de tu país, de tu continente o del mundo entero puedes ir identificando hasta dónde has llegado soñando y haciendo realidad tu propósito de vida. Por eso quienes han tenido el privilegio de viajar mucho tienen una apertura mental que los ayuda a superarse cada día más, buscando así nuevos horizontes.

Conserva tu tranquilidad espiritual

En los textos sagrados se encuentra el concepto de que ninguna circunstancia puede quitarte tu paz interna, la vida es demasiado corta para estar molestos u ofendidos. Lo importante es cómo asumes tu responsabilidad ante ti mismo, tu propósito y tu vida.

Deja a un lado los comentarios o las acciones de los demás. Nada de lo que viene de afuera tiene valor o significado. Lo realmente importante es cómo reacciones ante las condiciones de la vida, ante las situaciones que vives. Debes preguntarte: ¿Qué es lo que verdaderamente importa o afecta mi crecimiento?

La respuesta, como ya lo hemos visto, debe estar ya muy clara para ti. Lo relevante y significativo eres tú, tu conexión con el milagro de tu vida. Recuerda que las personas que te rodean están ahí para ser tus maestros y que en ocasiones hay cabos que vienen de otras vidas. Situaciones que debes afrontar con el perdón y el amor, porque son eventos que vienen a equilibrar acciones que has tomado y que en la rueda del *samsara* (ciclo de reencarnación según la tradición hindú) llegan a establecer orden. Entonces no te compliques, no te enganches; vibra en alta frecuencia aprendiendo de las circunstancias y siguiendo el camino de tu prosperidad. Dile adiós a esas condiciones con amor.

Lo relevante y significativo eres tú, tu conexión con el milagro de tu vida.

¡Ríndete!

Ha llegado el momento de rendirte. La rendición se trata del perdón absoluto. Cuando ya has llegado a este punto de elevación espiritual debes comprender que tú estás conectando la presencia, es decir, vivir en el aquí y el ahora. En cada una de las actividades que realices, sea limpiando el jardín, cocinando, haciendo el amor o compartiendo con tus seres queridos, debes vivir en plena presencia. Sin desviar tu atención del centro. Ahí nadie, ni nada puede venir a perturbar tu vida o tus espacios. Cuando ya has concretado esta etapa, lo más relevante es que te mantengas firme y sereno en tu conexión.

Asume la responsabilidad sobre ti, esto te llevará a mantenerte en equilibrio, aunque se esté cayendo el mundo afuera. Reconoce que eres un ser iluminado, eres un ser que despierta, eres un ser agradecido, y desde esa energía es que te das la oportunidad de amarte y amar a los demás.

Celebro y agradezco el milagro de la vida

Tu cumpleaños es una fecha maravillosa para dar gracias por todo lo que eres. Realiza una meditación en el momento que te levantes diciendo: "Hoy agradezco con toda la fuerza de mi ser, veo mis aprendizajes y lecciones, siento mi evolución conectado con la Divinidad, siento el milagro manifestado en mí por estar vivo hoy". A través de esas palabras honra a los dos seres que te permitieron nacer en este mundo. Di en ese momento: "Gracias, mamá, gracias, papá, por otorgarme la vida".

Reconoce también a todos los que han pasado por tu camino, dales las gracias porque han sido pieza clave en tu evolución. Míralos con amor para que comprendas tu código de vida en este presente y seguir proyectando con conciencia tu futuro.

Estamos aquí todos, realizando este viaje de la vida para experimentar y tomar apertura del regalo maravilloso que Dios nos dio. Reconoce tu retorno solar con amor, aprovéchalo y disfrútalo plenamente.

Brinda tus más profundos agradecimientos en esa meditación; puedes decir: "Por sus maravillosos mensajes de felicitación, celebro con todos este día tan especial y lo proyecto todo el año, porque mientras abro mis ojos cada mañana cualquier milagro puede suceder. Gracias, Dios".

Tu semilla espiritual

Cuando te veas al espejo no mires tu cuerpo físico, si estás gordo o flaco, si eres alto o bajo; observa tu mirada, tu rostro feliz, tus capacidades de avanzar, y da gracias. Afirma: "Gracias, señor, porque me amo y me acepto como soy". Dentro de ti se encuentra esa semilla de amor que es la que hemos cultivado en todo este capítulo. En la medida en que has agradecido por el milagro que eres, has dado abono a esa semilla que poco a poco va a ir creciendo en tu alma. De esto está lleno el camino hacia la Divinidad.

En este momento estás listo para decir "Gracias" a la Divinidad por la realización futura de tus sueños como si los estuvieras viviendo ya. ¿Cómo está tu prueba de fe? ¿Estás preparado para recorrer el camino que te llevará a tu sueño? Agradece a la Divinidad por adelantado aquello que estás pidiendo. Mantente activo y alerta para recibir las bendiciones que estás pidiendo. Es importante que estés listo para regar la semilla y nutrirla, con la fe de que llegarán los frutos.

De nuevo te pregunto: ¿Estás preparado para vivir el proceso de maduración de esa semilla y que pueda concebirse en una alabanza y en un acto de agradecimiento? Es ahí donde se encuentra la verdadera conexión con la Divinidad. Sólo aquellos que son agradecidos, que alaban a la Divinidad, en la presencia de lo que son, sin importar esperar lo que toca por ley Divina, son los que acceden al milagro de la prosperidad.

Conéctate siempre desde el amor

Cuando vayas a pedir por tus sueños, cuando visites la casa de Dios o vayas a un sitio sagrado recuerda todo esto: pide desde el agradecimiento, desde la satisfacción que te brinda estar vivo. Indiferentemente de lo que haya ocurrido en tu vida, sin importar el proceso que estés viviendo, conéctate en ese lugar sagrado desde el amor. Siempre conecta desde la más alta energía de fe con Dios. Contrario a lo que se cree, Dios está en la mayor frecuencia de amor, de plenitud, de todo lo bueno que tú puedes ver. Está muy lejos de esa deidad castigadora o victimaria que muchos imaginan. Él se encuentra en la más alta vibración, por lo que sólo a través de la emoción con la más alta vibración llegas a él. Sólo por medio del amor, de la alegría y desde el agradecimiento.

La abundancia, la alegría y el amor llaman más de cada uno de ellos. No es desde la tristeza que se encuentra la alegría. Es desde el amor que conectas con el amor, igual pasa con la riqueza, con la paz o con el reconocimiento. Es así como funcionan las leyes de la energía universal. Entonces, si pides desde la queja y el sufrimiento eso recibirás. Si te encuentras en armonía y equilibrio, desde ese centro llamarás a la concreción tus deseos del alma, porque Dios estará en plena escucha para complacerte. Esto es ley divina. La felicidad no se busca, la felicidad es el camino.

Dios está en la mayor frecuencia de amor, de plenitud, de todo lo bueno que tú puedes ver.

Claves para llevar una vida plena

El único momento que vives realmente es éste y es el único sobre el que tienes algún tipo de control. Desde esta gran inmensidad creando mi nuevo libro de prosperidad sólo puedo decir "Gracias, Dios" por conectarme con el todo en abundancia infinita.

- Toma certeza plena de lo que quieres.
- Aléjate de personas tóxicas.
- Mantén siempre una actitud positiva por fuertes que sean las circunstancias.
- Siempre sé agradecido por todo lo que te sucede.

Estás integrado con cada célula del Universo, tus acciones repercuten energéticamente a tu alrededor. Si no crees en ti no esperes que nadie más lo haga, sólo si crees en ti podrás ofrecer a los demás algo en lo que creer.

Agradece todo, en especial aquello que te rete

Aceptar que todo lo que te ocurre es parte de la experiencia de vivir, ya sea positivo o negativo, y te ayudará a crecer. Debes dar gracias por todo, desde la mayor humildad y con la sinceridad de que la lección que llega a tu vida es justo lo que necesitas para avanzar. Sea cual sea la experiencia, indiferentemente de lo comprometedora que sea, la misma te sirvió para reencontrarte en un ciclo de un gran aprendizaje. Suelta el dolor o el resentimiento, déjate ir y fluye con la lección que el Universo en su inmensa misericordia y sabiduría te está otorgando.

No te aferres a nada ni a nadie y ten conciencia de que la vida es un constante cambio, por lo que siempre encontrarás nuevas formas de vivir, de explorar, de encontrar respuestas. Ésa es la clave de esta vida. Reencontrarnos con nuestro ser espiritual.

Dejar atrás el pasado no es renunciar a él, sino hacerlo efectivo para tu crecimiento personal. Después de vivir una experiencia, habrá oportunidad de transformarla o de hacerla más intensa y duradera, sólo tienes que abrir tu mente y tu espacio al nuevo reto.

El noroeste: la protección de nuestros ancestros

Antes de continuar, responde:

¿Cuántas cosas debo agradecer en mi vida? Realiza una lista.

____

____

____

____

____

¿Cuáles son los retos más significativos que me permitieron crecer y ahora puedo agradecer?

____

____

____

____

____

¿Cuántos viajes realizo al año? ¿Cómo está mi conexión con el disfrute, el placer, ante cada logro?

____

____

____

____

____

¿Cómo me conecto con el agradecimiento y la honra de mis ancestros?

Por un mes, me comprometo todos los días a levantarme y realizar una pequeña meditación de agradecimiento. ¿Cuántos minutos le dedicarías?

7

CREACIÓN

Abrimos este capítulo manifestándose ya el milagro en nosotros; con la presencia lo estamos creando y dejando realizado en este plano llamado Tierra. Recuerda que para crear debes estar en pleno foco de lo que puedes hacer. Aquí aprenderás la importancia de innovar, porque la monotonía es el resultado de la energía estancada, y cuando estás en tu centro y viviendo en gran conexión con la Divinidad no hay forma de que te estanques. Debes estar atento a que la energía siempre esté en movimiento, hacer que se transforme y no quede estática. La vida es movimiento.

Desde que nacemos estamos corriendo riesgos en todos nuestros niveles. En el nacimiento, la infancia, la escuela, la universidad y en cada una de nuestras etapas hemos corrido riesgos. Esto es necesario para avanzar en el camino hacia tus sueños.

La vida es cambio

En ocasiones las personas se quedan en sus zonas de confort pensando que nada las va a mover o desestabilizar de su propósito o del sueño que ya han alcanzado. Incluso hay ocasiones en que sin notarlo comienzan a temer que las cosas cambien. Esto es terrible, porque como ya aprendimos, en el momento en que salimos de nuestra frecuencia de armonía y equilibrio nos desconectamos de Dios y comenzamos a llamar a las emociones de baja frecuencia.

Mi guerrero de luz, tienes que aceptar que la vida es cambio. Si lo aceptas, y en conexión con lo divino, avanzas a nuevas oportunidades; todas las puertas se van a abrir ante ti, pero si en cambio te paralizas, seguro que en algún momento la vida seguirá su curso y de este modo será más doloroso, porque la transformación será radical y espontánea.

> Acepta el cambio y en conexión con lo divino avanza a nuevas oportunidades y todas las puertas se van a abrir ante ti.

"Todo fluye y refluye"

Todo tiene sus periodos de avance y retroceso; todo asciende y desciende; todo se mueve como un péndulo: la medida de su movimiento hacia la derecha es la misma de su movimiento hacia la izquierda. Ello explica que en nuestro proceso de crecimiento pasaremos por diferentes etapas, algunas oscuras y otras luminosas, y que pueden ser sobrellevadas con equilibrio en la medida en que vayamos adquiriendo mayor conciencia, paciencia y fe. El ritmo es el reflejo de la vida en su plenitud. En el Universo las cosas se manifiestan en un determinado movimiento de ida y vuelta. Todo asciende y desciende, todo tiene su avance y retroceso porque obedece a periodos cíclicos en los cuales podremos observar tres etapas o momentos: expansión, descenso y recuperación.

> Hay siempre una acción y una reacción; un avance y un retroceso; una elevación y un hundimiento.

Tenemos como expresión del ritmo en la creación las mareas, la forma como suben y bajan. El ir y venir de las olas del mar ilustran a la perfección estos tres pasos o etapas. Hay siempre una acción y una reacción; un avance y un retroceso; una elevación y un hundimiento; un incremento y un decrecimiento manifestados en todas las partes y fenómenos del Universo. Soles, mundos, hombres, animales, plantas, minerales, fuerzas, energía, mente y materia, sí, incluso espíritu, muestran este principio, que se manifiesta en la creación y destrucción de mundos, en la elevación y caída de naciones, en la historia de la vida de las cosas y, al final, en los estados mentales del hombre y la resultante de todos ellos, nuestros estados anímicos y emocionales.

La risa supera al llanto

El negativo es precedente al positivo, esto es: que al experimentar un cierto grado de placer, no significa que se tendrá que "pagar por él" con un grado de dolor correspondiente. Al contrario, el placer es la oscilación-rítmica de acuerdo con la ley de compensación, por un grado de dolor experimentado antes, sea en la presente vida o en una encarnación anterior. Esto arroja una nueva luz sobre el problema del dolor. Es por eso que se explica la razón por la cual a un periodo de tristeza le sigue una gran alegría desbordante; al llanto le sigue una risa descomunal; a momentos de dolor y angustia le suceden y superan momentos de placer y tranquilidad.

Esto nos lleva al conocimiento de que si aprendemos a afrontar los momentos difíciles de la vida, podremos alcanzar sus momentos felices. Al elevarnos al plano superior, escapamos de la oscilación y, por tanto, escapamos de la rueda kármica —rueda de encarnaciones— y nos ubicamos en un punto tal que lograremos alcanzar el amor, la perfección y la verdad.

Tú eres el creador

Las decisiones que te lleven a transitar tu desarrollo siempre te traerán oportunidades maravillosas, pero si dejas que simplemente los cambios se sucedan y no tomas responsabilidad sobre ellos puedes enfrentar situaciones complicadas. Cuando dejas que la vida decida, todo puede pasar y en el momento en que estés menos preparado. En el Universo todo está en movimiento; la energía misma siempre se haya en constante transformación. Una vez que has logrado la riqueza material debes avanzar en tu camino hacia el mayor bienestar y el agradecimiento por ello. Cuando logras concretar el sentirte bien, una vez que has alcanzado el dinero que anhelabas, es cuando en realidad estás en el camino a la prosperidad y comienzas a sentir el milagro en tu vida.

> Si te va bien es porque has conectado con la buena energía y tu dharma.

Asume tu responsabilidad. Eres el creador de tu propio destino. Todo lo "bueno" y "malo" que te rodea lo has provocado tú. Si te va bien es porque has conectado con la buena energía y tu dharma, que se genera según tus acciones, hace que las cosas te salgan bien, que atraigas lo que quieres y que disfrutes al máximo de la vida.

Si te va mal, lamentablemente eres tú quien se ha puesto en el lugar y momentos justos para que las cosas vayan mal, con una mente cerrada y sin alcanzar a ver las oportunidades frente a tus propios ojos, que Dios y el Universo te dan.

Las personas más felices, los líderes más influyentes, los pensadores más célebres y los empresarios más exitosos tienen en común la cualidad de asumir la responsabilidad de lo que sucede en su vida. Si les gustan los resultados, siguen haciendo más de lo mismo. Si no, cambian su manera de pensar para cambiar los resultados.

> Encamina el destino que anhelas. Afirma: "Me libero de toda pequeñez y asumo las riendas de mi destino".

No hay nada más enriquecedor que asumir la responsabilidad de todo lo que te sucede en la vida. Deja de culpar a los demás o a la sociedad, deja de quejarte y deja de juzgar para que la energía fluya. Encamina el destino que anhelas. Afirma: "Me libero de toda pequeñez y asumo las riendas de mi destino". Tú eres el creador de tu propio destino, cuanta más energía pongas en ello y más acciones tomes, más lograrás. ¿Por qué no empezar ahora? Escribe ahora mismo qué estás creando en este instante.

Tomar riesgos en plena conciencia

Cuando te asumes como el responsable de tu vida debes comenzar a tomar acción. Esto forma parte de hacerte el dueño de tu camino, ya que si no haces nada y te quedas paralizado la vida seguirá moviéndose y decidiendo por ti. Debes comprender los pasos de la conciencia para tener un riesgo positivo y un cambio transformador. Indistintamente de que la energía yang esté elevada y tengas una gran emoción de entusiasmo y alegría, los procesos de cambio siempre traen temor.

El primer paso es aceptarlo. Te recomiendo que incluso anotes los temores en una lista y te permitas conocerlos diciendo: "Yo tengo miedo de..." Por ejemplo, si estás a punto de abrir un negocio puedes escribir: "Yo tengo miedo de recibir pocas ganancias". O "Yo tengo miedo de no ser capaz de conseguir buenos clientes". El objetivo es que expulses todos los miedos y dejes que el amor tome el protagonismo en tu vida.

El segundo paso es recuperar la confianza. La confianza te hace estar como pez en el agua, y conecta el amor propio y el de los demás. Al hacer a un lado tus miedos logras conectar la fe en tus sueños. Desde el amor comienzas a vibrar en la frecuencia positiva para recibir las bendiciones del Universo. Mientras tengas la convicción de que estás haciendo lo mejor para ti, lo hecho va a funcionar y grandes milagros aparecerán. Lo vimos en el nivel anterior, se trata de mantenerte en tu punto de centro, concentrado en pleno conocimiento de que tus acciones te llevarán a tu objetivo.

El propósito de tu nuevo inicio debe estar bien claro. Para tener esta seguridad, debes hacer lo que te gusta no desde el llamado del ego, sino en el llamado del corazón, de lo que te gusta en realidad. Aquello que definiste en el primer nivel es aquí donde toma protagonismo, debes hacer lo que mueve tu alma hacia adelante, no lo que se alimenta de orgullo y ego.

Tu autoestima aquí juega un papel fundamental porque todo lo que está en tu mente y emoción es lo que vas a ver materializado. De ahora en adelante tienes que ver los cambios como una persona empoderada, alineada en todo lo que eres con la Divinidad. Vibrando en la más alta frecuencia.

El tercer paso es dejar a un lado la preocupación por las ganancias, materiales, de fama y de reputación. Simplemente vive, disfruta la maravillosa oportunidad de usar tus talentos y crear. Haz a un lado la idea de lo que viene más adelante, de los números, etcétera. Los resultados llegarán en una prueba de ensayo y error, siempre verás que algunas acciones te funcionarán y otras no. Debes verlo sin drama, ni falsas expectativas, simplemente con conciencia y con el entusiasmo de que es lo que amas hacer. Ocúpate de entregarte, eso sí, de darlo todo por el todo. Tienes que estar preparado para ese nivel de compromiso de lograr respirar, comer y caminar por tu proyecto.

El cuarto paso es precisamente darlo todo, centrarte con entusiasmo en tu proyecto. No te hablo de trabajar desde el sacrificio o el esfuerzo extenuante. Quiero que comprendas esto muy bien, debes accionar desde la perseverancia y el compromiso. Buscar los recursos, invertir si es necesario, mantenerte en el camino especialmente cuando lleguen los retos. Eso es trabajar duro por nuestros sueños.

Algunos creen que colocando el plan y soñando se les hará realidad su proyecto. No es así. Debes enfocarte, formarte de ser necesario, buscar el equipo o la gente con la que te conectarás para avanzar. A veces me he encontrado con personas que asumen inversiones o se comprometen en compañías porque otros están haciendo lo mismo o porque alguien les comentó que podían hacerlo.

Ellos invierten sin revisar a profundidad o evaluar de qué se tratan dichas inversiones, o si son buenas para ellos según su propósito de vida. Esto es fatal y no puede traer buenos resultados. La responsabilidad es un gran valor a practicar en estos casos. Reflexiona: ¿Qué tanta energía estás dedicando? ¿Cuánto interés tienes? ¿Cuánto tiempo vas a dedicarle?

Sé honesto contigo mismo. No te engañes. Las respuestas a esas preguntas deben estar dominadas por la pasión. Los proyectos que emprendas tienen que apasionarte. Busca hacer aquello que hace latir tu corazón, que te enamora. De nada vale que inicies cosas que no están vinculadas a tu propósito. Esto póntelo como una ley personal.

La entrega que tengas por tus propósitos es lo que llamará a las personas propicias que se sentirán conectadas, enlazadas por amor con tus proyectos. No se trata de unirte a trabajar con personas porque sí, busca personas que al igual que tú amen los objetivos que te has impuesto. Eso es lo que en realidad te augurará que tengas éxito en tus nuevos proyectos.

Finalmente, el quinto paso es dar el salto. Ya no más esperas, ni pensamientos de qué pasará si hago esto o aquello. Simplemente actúa, muévete, busca construir sin esperar un minuto más. Es el momento de tomar el riesgo.

Ciclos de siete años

Cada siete años se cierran ciclos y así se da origen a las nuevas etapas de tu vida. Es ideal que revises al final e inicio de estos ciclos cómo estás frente a la vida. El número siete de la numerología es el número cabalístico de la perfección, siendo un número "Ley" (colores del arco iris, días de la semana, maravillas del mundo, entre otros se cuantifican en esta cifra). Cuando ya hemos conseguido una elevación dentro de nuestra misión, requerimos comenzar algo nuevo y así dejar nuestro legado para quienes busquen conseguir su sueño.

Cuando cierras ciclos de siete años tienes que ver si lo que hiciste en ese periodo fue productivo y significativo para tu ser. De esta forma podrás reflexionar tu evolución y decidir si sigues en el mismo sendero o más bien buscas uno nuevo. Debes reflexionar para reconocer si en esos últimos siete años has hecho lo que tanto has querido o si deberías tomar un nuevo camino.

Cada vez que cumples siete años como ciclos en tu vida se produce una movida emocional. Por eso los matrimonios, las sociedades o negocios a los siete, 14 años, pasan por un momento de decisión.

Igual ocurre con los empleos; se tiende a buscar uno nuevo o cambiar de actividad. Muchos profesionales comienzan a trabajar sin darse un tiempo para pensar en lo que en realidad quieren hacer, y después de siete años se dan cuenta de que eso no era lo que querían e inician una nueva búsqueda.

> Cuando ya hemos conseguido una elevación dentro de nuestra misión, requerimos comenzar algo nuevo y eso es posible gracias a la creatividad.

Sanar al niño interior

Hasta los siete años de vida lo más importante es nuestra formación emocional y celular. La vida de un niño desde que está en el vientre hasta los siete años es sagrada, por eso es importante analizarnos y observar qué pasó en estos años de vida, ahí está la clave de por qué no avanzamos hacia nuestros sueños. Ésta es una meditación hermosa y muy poderosa porque te invita a sanar tu alma.

Rescata ahora desde tu ser adulto a ese niño interno y dale el apoyo, el amor que a lo mejor todavía le hace falta a ese bello infante que duerme dentro de ti. En esos momentos pesa mucho cualquier experiencia traumática y, por esa razón, hay que brindarle afirmaciones positivas, muestras de cariño, de amor y algo que no se puede dejar nunca de lado. Busca dentro de ti y aprovecha para decirte palabras de afecto, para validar tus sueños. Incluso puedes recordar aquellas metas que de niño soñaste con cumplir. Anótalas en un papel y observa si alguna de ellas aún mueve tus fibras, y si te apasiona.

Cuando reconozcas tus heridas, si existe alguna, aprovecha para sanarlas, para ello puedes optar por regalarte ese juguete que anhelabas y no se te dio. O puedes dedicarte a ir un parque a jugar una vez al mes. Aquí entra también tu creatividad, busca hacer una actividad que te refuerce el amor por ese niño que fuiste, abrázalo, ten el compromiso de amarlo. Esto te dará una conexión de alegría y entusiasmo que te empoderará.

El Mapa de sueños

Para alcanzar el constante movimiento de la energía de creatividad es necesario hacer ejercicios donde se visualice lo que deseamos, como si se tratara de una maqueta, lo que se quiere en la vida, tal y como hice referencia en el primer capítulo. Te recomiendo que elabores un Mapa de sueños, que te ayudará a que te enfoques, proyectes y sientas esa petición clara de lo que quieres lograr y que se manifieste en este tiempo presente.

La idea es conseguir un corcho o cartulina donde coloques y comiences a diseñar tu más grande sueño, que juegues de nuevo como cuando eras niño; esto es lo que yo llamo la maqueta de mis sueños y me recuerda cuando activaba mi creatividad para diseñar. En esta maqueta es donde visualizarás lo que deseas conseguir en un determinado tiempo.

Es importante que la enfoques sobre todo a una sola meta. Esta maqueta debe decir en la parte superior: "Yo, [coloca tu nombre], me abro a recibir [coloca tu sueño]". Ya sea la pareja, el viaje, el coche, el negocio o la casa perfecta, pero deberás ir conectando tu energía hacia una sola cosa, con sus respectivas imágenes que te llevarán a conseguir tu propósito. Coloca en el centro una fotografía tuya feliz al lado de tus seres queridos. Esto es clave para empezar a crear una mejor realidad, que hasta ese momento podía verse como imposible.

Este ejercicio te ayudará a crear tus mapas mentales, pues de tanto ver algo lo encaminas a que se haga realidad. Lo deberás completar alrededor con imágenes y afirmaciones de agradecimiento de todas las cosas que apoyan ese sueño, coloca elementos de todo tipo, emplea papeles de colores y trabaja cada uno de los agradecimientos que vinculen las señales que conducirían a que se haga realidad.

Activa tu creatividad en este gran proyecto poniendo también símbolos que te conecten con toda la energía que estás moviendo en tu maqueta. En la parte inferior escribe la siguiente afirmación: "Esto o algo mejor ya está dado para mí en orden y en armonía divina, ¡gracias, Padre!", y estampa tu firma. Al terminar, te recomiendo que lo consagres como te lo enseñé en el capítulo 5, colocándolo visible en tu habitación para que cuando te levantes y te acuestes siempre esté presente. Pásale incienso por 28 días todas las noches, recitando en voz alta todo lo que ahí escribiste y ten presente que todo lo que colocaste ya está ocurriendo para ti.

Conecta la creatividad

Es necesario mantener vivo nuestro espíritu innovador, ya que la creatividad está relacionada con la fertilidad. Lo ideal es buscar conectarnos con todo lo que tiene que ver con la procreación en nuestra vida, como por ejemplo no quedarnos en buscar la perfección en lo que hacemos, sino a la vez entregarlo a otras personas y así dejar un legado de lo que hemos construido.

Una excelente oportunidad es a través de los hijos, por eso el tener descendencia es una bendición. Es básico transmitirles a los hijos todo el entusiasmo en cuanto a la construcción de sus sueños. Eso se debe hacer desde que los padres se enteran de que hay un bebé en el vientre materno, es decir, que la transmisión de energía positiva comience a través del cordón umbilical y que nunca termine.

Es crucial que en los primeros años los niños sean muy libres y felices. Esto lo deben tomar muy en cuenta los padres, porque eso forma parte del legado que le dejamos a la futura generación.

FENG SHUI PARA ACTIVAR LA CREATIVIDAD Y FERTILIDAD DE TUS PROYECTOS COORDENADA OESTE

La energía de la creatividad, de la fertilidad y de los nuevos proyectos que se maneja en este nivel habita en la coordenada oeste. Para el Feng Shui, ahí se consagra el elemento metal, y por lo tanto los colores propicios son el gris y plateado, mientras que las formas son las semicirculares; toma en cuenta estos rasgos en tu decoración. La energía de esta coordenada es sumamente hermosa porque es la que nos permite reinventarnos y abrir nuevos ciclos de desarrollo. Activa esta energía en el oeste con fotografías de familiares en edades de infantes o de tus hijos si es que tienes. Incluye en ese lugar bandejas plateadas o doradas; también exhibir símbolos o frutas de granada conecta mucha prosperidad en ese lugar.

Siempre hago referencia a un animal que me parece muy respetable, el elefante, el cual es muy honrado por los hindúes. Los elefantes tienen algo muy bonito y es que andan en manada, transmitiendo así a las crías todo el legado del grupo. Tienen una gran transcendencia y mantienen una larga vida en equilibrio con los suyos. Son pacíficos, nunca los verás en situaciones feroces entre ellos. Lo que les importa es que todo su legado sea retransmitido a sus hijos. Por eso es tan importante, aunque no tengamos hijos, dejar nuestras enseñanzas ya sea a otros familiares (sobrinos, primos, etcétera) o a otros niños y adultos.

A aquellas personas a las que les cuesta tener hijos el Feng Shui les ofrece una cura. Consiste en colocar en la zona oeste de la habitación o de la sala dos elefantes con las trompas hacia arriba con un envase circular plateado vacío entre los dos. Esto activa las trompas de Falopio de la mujer y su útero motivando la fertilidad y un excelente proceso de gestación en ella, generando nacimientos exitosos. Esta cura también la pueden utilizar personas que quieran realizar un nuevo proyecto en su vida, ya que éste es como si fuera un hijo que le van a dejar al mundo.

Esta misma fecundidad debe existir en nuestra vida para estar siempre conectados con la Madre tierra. Te recuerdo que dentro de cada uno de nosotros hay una partícula de Dios. Si la activamos, es inimaginable la gran cantidad de creaciones que podemos hacer como seres humanos en este maravilloso planeta.

La edad de los sueños

Hay fases que se cierran dentro de la vida y eso tenemos que aprenderlo. Si te das cuenta, el árbol tiene su semilla y de esa semilla nace el tallo para luego dar paso a las ramas con sus hojas, flores y frutos. Pero hay un momento en que el fruto cae en la tierra, y con el tiempo esa semilla se convierte en árbol. Tenemos que asumir ese proceso de evolución en la vida, porque a veces nos negamos a avanzar y nos queremos quedar en una época, en una tendencia, en un estilo de vida, agotándonos física y emocionalmente sin querer.

Debes permitirte tu propia transformación a la época, a la vida y a la situación que estás viviendo y hacerlo a plenitud, porque de lo contrario te crearás una deuda interna. Por eso es que mucha gente que no vivió a plenitud su infancia, adolescencia o juventud, porque pasó muy rápido a la adultez, tarde o temprano quiere terminar esa etapa que quedó truncada en su vida.

La infancia es una de las etapas en que no hay límite para soñar. A un niño lo que menos le importa es la política o las guerras del mundo. Un niño está feliz pensando en que quiere ser superhéroe, rey, astronauta. Está soñando.

Debes permitirte tu propia transformación a la época, a la vida y a la situación que estás viviendo y hacerlo a plenitud.

Conectar de nuevo la fuerza de la niñez para crear

Quiero incentivarte a que no olvides tu niño interior y que rescates la posibilidad de permitirte soñar sin limitaciones, sin imposibles, porque el límite siempre nos lo colocamos nosotros. Recuerda que sólo cuando nos olvidamos de los sueños nos volvemos personas negativas. Una de las curas que recomiendo es buscar una foto de cuando eras niño (entre los cero y siete años), y colocarla en un marco plateado o dorado en la zona oeste de tu casa.

La razón por la cual nos conectamos con esta coordenada es porque en ella ocurre el ocaso, es decir, cuando el sol está descendiendo. Este hecho impregna la atmósfera con mucha energía yin, cuyo poder permite hacer aflorar los sueños desde lo más profundo de nuestro corazón. Es ahí cuando brota lo místico. Al anochecer es cuando puedes ver que las estrellas son infinitas; quédatele mirando a cualquiera de ellas. Siéntela, porque una de ellas te está dando e iluminando la señal de tus sueños.

Con este ejercicio se activa la sanación de tu infancia en tu mente y otorga un equilibrio impresionante. Comienzas a sentir una sensación de libertad, en donde sabes que no tienes que negarte nada. Esto ocurre a pesar de que tu infancia no haya sido para ti la ideal, porque lo más bonito es rescatar a ese niño que a lo mejor fue un reprimido; hablarle, mimarlo y darle apoyo, ofrecerle todo lo mejor que no pudo tener y satisfacerlo por completo. Apartarlo de las limitaciones que pudo haber enfrentado para que de ahora en adelante lo tenga todo, porque todo se crea a partir de este mismo instante.

Decide crear nuevos proyectos sin rendirte. Conecta el entusiasmo inocente de la infancia y verás que es difícil rendirse.

Por eso te invito a elaborar tu Mapa de sueños, que es como un juego, el Lego, el rompecabezas, que sobre todo nos incentiva a soñar. Es fácil percibir a los adultos que se permitieron soñar cuando eran niños y a los que no lo hicieron. Los soñadores son personas más indetenibles, que ven los obstáculos no como problemas sino como grandes recursos que los llevarán a disfrutar lo que tanto quieren. Para seguir día a día, disfrutando todo lo que nos ofrece la vida sin caer en perfeccionismos, simplemente vive tus procesos porque ellos, al igual que tus ciclos, se están renovando y son sagrados.

Eres un ser singular y único, eres ilimitado, comprende que eres un milagro maravilloso de Dios. Tu vida puede ser todo lo que quieras que sea. Empieza a vivir los días de a uno por vez, solamente este día que es único e irrepetible, sin miedo a experimentar. Decide crear nuevos proyectos sin rendirte. Conecta el entusiasmo inocente de la infancia y verás que es difícil rendirse.

Atraviesa cada obstáculo por más duro que sea. Porque lo más importante en tu vida es llegar a cumplir un sueño. Disfruta cada amanecer y cada gota de lluvia porque cada cosa en este mundo es única e irrepetible. No dejes que te convenzan de que todo al fin desilusiona. Escucha siempre tu corazón, él siempre tomará el camino que verdaderamente te corresponde.

El oeste: la consolidación de tu creación

Antes de continuar, responde:

¿Estoy abierto al cambio?

____

____

____

____

____

¿Me considero capaz de enfrentar nuevos riesgos? ¿Estoy dispuesto a vivirlos?

____

____

____

____

____

Haz una lista de tus proyectos nuevos y tus emprendimientos: franquicias, inversiones para tus hijos, redes sociales y otras creaciones.

¿Cómo dedico tiempo de calidad a mis hijos o familiares en edades de infantes?

¿Qué áreas de tu vida deben cambiar o qué procesos necesitan agilizarse en este momento?

PARTE III

tao

EL YIN Y EL YANG

Este recorrido ha sido fantástico. Ya has podido sentir cómo se complementa tu parte yin con tu parte yang, conectando el balance en tu vida. Esto es la conciencia del tao, es la unidad enmarcada en todos tus niveles para así evolucionar en tu propia esencia. Hemos llegado a tu máxima transformación y es ahí donde vivirás tu propio éxito.

ALFONSO LEÓN

ARQUITECTO DE SUEÑOS

8

SABIDURÍA

En los capítulos anteriores hemos abordado las áreas de nuestros niveles yin y yang, me refiero a nuestros aspectos espirituales y materiales de la vida y de todo lo que nos rodea. A partir de ahora le daremos inicio al milagro de la evolución de nuestro ser. En este capítulo trataremos la manera en cómo todo lo que la vida nos ha entregado en conocimiento se puede transformar en sabiduría, que es la herramienta más poderosa que tenemos, porque nos permite entender lo que hemos hecho en la vida y así profundizar en nuestro mundo.

A veces tenemos tanta sed de conocimiento que leemos todo lo que nos pasa por enfrente o estudiamos una cosa u otra, pero para que toda esta energía se transforme en sabiduría debemos hacer ese viaje de la mente al corazón y conectar todo lo que aprendemos en verdadero amor. Debemos tomar conciencia de nuestras experiencias y lecciones. Ver lo que aprendimos en nuestras vivencias y cómo transmitirlas en la mejor energía te hace un ser sabio, no desde el ego pretendiendo aparentar lo que no se es. Sigue tus instintos. Ahí es donde la verdadera sabiduría se manifiesta.

La sabiduría requiere una base de inteligencia, pero la verdadera sabiduría es una combinación de equilibrio (la capacidad para considerar todos los aspectos de una experiencia), apertura mental, disciplina y preocupación por el bien común. La sabiduría es como una especie de sentido común santificado que conduce hacia una mayor autocomprensión. Te da la capacidad de enfrentarte a la vida, dirigiendo y controlando sus desafíos y retos.

¿Qué es ser sabio?

Ser sabio es aprender de los detalles más simples. En general se tiende a creer que las claves no pueden estar en las circunstancias más sencillas, pero sí lo están. Al percatarte de ello, llevarás esa simpleza a un grado más abstracto, a un aprendizaje. Esto que quizá luzca complejo es simplemente un estado que puedes lograr en momentos tan cotidianos como cuando te bañas, en donde si te dejas fluir a través del agua que cae puedes alcanzar estos llamados *insights*, que no es más que cuando se nos prende el foco, los cuales nos permiten entender las cosas que antes nos parecían imposibles.

Mucha gente anda buscando que les cuenten lo que les va a pasar, quieren saber del "más allá" o de lo que fueron en sus vidas pasadas. Pero cuando se está conectado con el destino, desaparece la necesidad de estar buscando información a través de adivinos, porque todo lo has tenido frente a tus ojos.

> Se suele creer que las claves no pueden estar en las circunstancias más sencillas, pero sí lo están.

La práctica diaria es la clave

La forma en como reflexionas frente a los retos y obstáculos que la vida te da es parte de tu evolución. No le tengas miedo al reto o a los cambios, siempre hay una solución para todo. Siempre hay alguien que te puede brindar una mano o resolución a lo que te preocupa. No te quedes paralizado o preocupado ante algo que con amor se puede resolver.

Ciertamente, convertirse en un ser consciente y madurar implica hacerse responsable de uno mismo, como lo hemos trabajado hasta ahora. No se puede echar la culpa de aquello que sucede en nuestro entorno a los que nos rodean. Tampoco se puede culpar a nuestra familia o seres que están conviviendo con nosotros, pues si acarreas alguna costumbre perjudicial que te afecta en tu vida actual, eres el único que puede cambiarlo.

Es de sabios cambiar de opinión, sobre todo de actitud ante la vida; eres el único que va a decidir cómo vivir en armonía o en guerra, sufrimiento y desgracia. Ése es un conocimiento que te he entregado en el nivel anterior, y ahora debes convertirlo en tu sabiduría interna; es decir, debes practicar esta teoría. Esa lección debe dejar de ser lo que enseña un guía, en este caso yo, para convertirse en lo que tú eres.

> Es de sabios cambiar de opinión, sobre todo de actitud ante la vida; eres el único que va a decidir cómo vivir en armonía o en guerra.

Comenzarás el camino a la sabiduría en el momento en que vivas estas lecciones que te he transmitido, en el momento en que digas con propiedad: "Yo me hago responsable de lo que me ocurre". "Yo soy el único que tomo esta decisión." En ese momento todo el conocimiento que te he dado en este texto se convertirá en tu sabiduría. Además, yo habré cumplido mi propósito, que es hacerte consciente del ser próspero y maravilloso que eres; este proceso es la energía de la sabiduría en movimiento. Esto no quiere decir que no tengas situaciones difíciles en tu camino, pero si tu mente asimila esta sabiduría logrando realizar el cambio de origen y de frecuencia tu vida tomará el mismo rumbo de lo que estás vibrando y pensando actualmente.

Empodérate de tu valor

A veces podemos estar pasando por pruebas y lecciones que la vida nos coloca para evolucionar, por eso quiero regalarte esta palabra maravillosa que necesitarás en estos tiempos de cambios contundentes. Se trata de la valentía.

Conozco muchas palabras que se asocian a este término, los supuestos acompañantes de los actos valientes: fortaleza, superación, coraje y riesgo. ¿Significa eso que la prudencia, mesura o cautela no son signos de valentía?

> La valentía también es energía verdadera que brota desde lo más profundo de tu ser.

Las personas valientes dicen la verdad sin buscar aprobación de otros; quien tiene valentía es noble por naturaleza. Por difíciles que sean las circunstancias, sé valiente, tú puedes con eso y con mucho más. La Divinidad te coloca siempre pruebas que podrás solucionar, que son parte de tu evolución en este plano llamado Tierra.

La valentía también es energía verdadera que brota desde lo más profundo de tu ser. Llegó el momento de acabar con los dramas y las quejas; afronta la situación conectando tu poder, verás que siempre habrá una buena solución.

Para llegar a ser maestro

La sabiduría surge de la experiencia que se ha tenido. Por eso, es común que aquellos a quienes se les considera sabios o maestros son los que han vivido mucho, y eso se debe a que han recorrido una gran cantidad de facetas. Esto es fácil de explicar porque en las primeras etapas de la vida nos dedicamos a llenar vacíos, a formarnos, a sanarnos, y sólo después es que podemos pasar a una fase de más alta vibración. Por eso es importante vivir cada etapa a su momento.

En mi caso, tuve que madurar desde muy pequeño, que es lo mismo que pasó con mi padre. Cuando llegué a Venezuela comencé a quemar todas esas etapas que no había podido vivir a plenitud. Al reencontrarme con mi papá cuando tenía 28 años le dije que lo apoyaba y él me respondió que era él quien me iba a apoyar, porque él era el padre y había que respetar la jerarquía. Una noche se acostó a mi lado viendo televisión y dormí unos instantes con él, como si fuera un niño, y esos minutos fueron para mí muy valiosos y conmovedores, porque el sentimiento volvió a su cauce, entendí la vida en mi esfera masculina. Es importante que se den este tipo de experiencias, no importa cuándo, ni si es antes o después, lo crucial es que se dé el movimiento para ensamblar las células que te relacionan tanto con papá como con mamá.

Sólo al reencuadrar todos los niveles que hemos trabajado hasta ahora es que puedes detenerte y decir con satisfacción: "Estoy viviendo".

Con este capítulo hago un llamado a la introspección, a la reflexión. Revisa lo que has hecho hasta estos momentos y cómo te encuentras ahora. Observa si tu misión de vida está clara y la estás ejecutando con pasión, si estás compartiendo tu vida con alguien, si estás integrado a tu familia, si te percibes bien en el aspecto económico, si crees que puedes comenzar algo nuevo, si te sientes en conexión divina. Es decir, si estás agradecido con tu actual bienestar y estás disfrutando lo que tienes. Sólo al reencuadrar todos los niveles que hemos trabajado hasta ahora es que puedes detenerte y decir con satisfacción: "Estoy viviendo".

Equilibrio de luz y sombra

En este mirar hacia atrás es importante considerar una lección que para mí es fundamental: en la vida no se pueden catalogar las cosas como buenas o malas. Nada es totalmente bueno ni malo. Si sólo se observa la polaridad no se podrá ver la simetría impresionante que también nos rodea. Por eso es necesario reconocer nuestras propias sombras, yin y yang, porque en la medida en que se palpa la polaridad propia ésta puede trabajarse, para así alcanzar la unión, la simetría.

> En la vida no se pueden catalogar las cosas como buenas o malas. Nada es totalmente bueno ni malo.

Por ejemplo, para sentir lo malo de una persona tienes que tener como referencia lo bueno de otra. Si unes los dos aspectos podrás vislumbrar el camino a seguir. Tenemos que ver qué es lo malo y lo bueno de nosotros. Al darle al polo negativo fuerza positiva, y viceversa, ya no se pueden catalogar las cosas de la misma manera, porque lo que habías creado antes eran meras etiquetas, y al fin y al cabo la única energía que hay para contactar es la del amor. Cuando reconozcas lo mejor en ti lo peor perderá peso.

"Me amo profunda y totalmente"

La sabiduría la veremos no sólo como la esencia racional, sino también como el amor por tu propio ser. Te invito a que te dediques un poco de tiempo. En los niveles anteriores del libro la mayor dedicación consistía en buscar algo, aquí el llamado es a "sentir", sin tener ningún afán. Permítete cerrar los ojos y reposar por un instante.

Recomiendo que te realices masajes, equilibres tus chakras, visites un spa, que emprendas un retiro espiritual. Procura tomarte cada cierto tiempo un día, una semana, un mes o un año sabático. Todo esto con el fin de desconectarte y así escuchar la sabiduría de la naturaleza y de tus propias experiencias que tu alma conoce bien; préstale atención a lo que ella te dice porque tu silencio es sagrado.

> Siempre debes dejar un tiempo para ti. Todos tenemos un maestro en nuestra alma y lo tenemos que escuchar.

A mí me preocupa cuando veo a alguien que hace de todo y dice que no le queda tiempo de nada. Muchas veces me he visto en estas circunstancias y hay que tener un gran cuidado con esto. Siempre debes dejar un tiempo para ti. Todos tenemos un maestro en nuestra alma y lo tenemos que escuchar y, para ello, a veces hay que alejarse de la gente que nos rodea y compartir únicamente con nuestra soledad, con el silencio de la vida. Ahí es cuando surgen muchas respuestas que no vemos en nuestro día a día, porque nos volvemos muy mecánicos y no nos permitimos escuchar a nuestro maestro interno.

Por todo esto admiro y honro muchísimo a la cultura oriental, porque ellos siempre están en contacto con su alma. Ya sea desde un arte marcial como el ai kido, el yudo y el taekwondo, hasta otras técnicas más sutiles es como el yoga y el tai chi, o en frecuencias más elevadas como meditación, que puede facilitar el camino hacia la iluminación.

Todos podemos entrar en esa dimensión de paz. Eso significa entrar en un estado en donde el entendimiento es más accesible, porque es como si bajara toda la información. Los seres humanos lo sabemos todo, sólo que no hemos abierto el canal de nuestra comunicación. En esta apertura entra también querernos a nosotros mismos, tratarnos con cariño.

Así es como se comienza a sentir nuestra sabiduría, cuando nos sentimos en paz con nosotros mismos y con el mundo.

FENG SHUI PARA CONECTAR TU SABIDURÍA COORDENADA NORESTE

En este proceso te invito a que te sumerjas en tu propio silencio. En este momento el foco está en tu alma, en la serenidad que consigas, en cómo te conectas con tu presencia; no necesitas nada más, sino escucharte en el aquí y el ahora. Se trata de sentir la esencia de la vida y ver todas las señales que has recibido desde tu niñez hasta hoy. Éstas se pueden presentar de muchas maneras.

Puedes observar tus fotos, los detalles que has escogido para adornar tus espacios, aquellos regalos que te han dado, recordar el sitio que visitaste con tus padres, donde diste tu primer beso, la razón por la que has llorado más. Todo eso te indica quién eres, y cuando nos aproximamos a esto nuestras energías yin y yang alcanzan una resonancia y vibración mayores. Ya no es la búsqueda, es el reencuentro, porque comienzas a observar tu propia evolución.

La coordenada donde se trabaja mediante el Feng Shui esta energía es el noreste, alimentada por la energía de la tierra. Sus formas son las cuadradas y sus colores son los tonos ocres y marrones. En esta coordenada anclas la fuerza del conocimiento, del crecimiento personal, de todo aquello que eleva la frecuencia en la que vibras.

Es importante colocar en esta zona ocho piedras de cuarzo de diferentes tipos, no importa su tamaño;

lávalas bajo un chorro de agua corriente. Colócalas a cargar en un recipiente de cristal o cerámica por tres días en tu balcón, jardín o terraza, al aire libre, que reciban por tres días los rayos de sol y la energía de la luna llena. Al terminar este ciclo, seca las piedras de cuarzo y conságralas como protectoras energéticas abriendo tu intuición y sabiduría hacia lo que quieres alcanzar. Después ubícalas en el noreste de tu sala o de tu hogar; puedes complementarlas con objetos de cristal, como un mapamundi o globo terráqueo, que también puede ser de lapislázuli. En esta zona puedes colocar también un jardín zen.

Ya no es la búsqueda, es el reencuentro, porque comienzas a observar tu propia evolución.

Recuerdo la historia de Narciso, personaje de la mitología griega, un joven muy hermoso que al verse reflejado en el agua del estanque se asombra tanto de su belleza que se enamora de sí mismo. No era sólo su belleza física, sino que él pudo ver más allá de sus ojos. Con esta alegoría no invito a la gente a que sea narcisista, sino a que se permita ver más allá de lo físico, a ver su alma y encontrar sus propias respuestas.

Los seres humanos lo sabemos todo, sólo que no hemos abierto el canal de nuestra comunicación con el Universo y con lo que el día a día nos ha permitido observar.

Dar desde el servicio

La sabiduría nos enseña que de lo que hemos aprendido debemos entregar algo. Para ser un verdadero maestro se debe entregar desde el servicio, sin esperar nada a cambio, y sólo el verdadero maestro puede hacer esto. Las maneras de entregar lo aprendido son muy variadas. Para nombrar algunas, se pueden escribir los aprendizajes para que otros los lean y también aprendan. No me refiero únicamente a escribir un libro o un tratado. Por ejemplo, si sabes que un amigo atraviesa por una situación difícil, le puedes escribir una carta en donde le transmitas una experiencia que pudiera servirle para superar su embrollo.

También se puede enseñar de forma más pública o formal, como impartiendo talleres, charlas o seminarios, para dejar un legado. Es indistinta el área de conocimiento, porque cuando se enseña a otros se ayuda a hacer de este planeta algo mejor. Esto también lo puedes hacer con la gente que te rodea, en realidad no es necesario tener un público. Dar un consejo o una palabra en una conversación de nuestra vida cotidiana puede ayudar y mucho. Esto abarca también el saber escuchar a quien nos habla, que puede estar viviendo una situación difícil. Los sabios se convierten en una especie de terapeutas. Escuchar y escucharnos es muy importante porque contribuye con el entendimiento del Universo.

Estoy alegre, hoy estoy cumpliendo un propósito más para alcanzar mi sueño.

Un ser sabio en el mundo no es el que predica muchas cosas sin parar, sino aquel al que se le ve su esencia. Así era Jesús, quien no necesitaba decir mucho porque transmitía con su imagen. Lo mismo pasa con el Dalái lama. Para que nosotros lleguemos a esa plenitud tenemos que pasar por el concepto material y espiritual. Para alcanzar este nivel tenemos que haber pasado por los otros. Mucha gente primero busca lo espiritual para llegar a lo material porque en el fondo siente culpa de todo lo que pudo tener. La forma más indicada en este plano es sentir al mundo en todo lo que nos da; todo entra por los sentidos, llénalos, siente, disfruta. Para que después, en tu nivel más abstracto, puedas llenar de la misma forma lo espiritual de tu ser, lo que comenzará tu transformación hacia la esfera superior.

La esencia de la sabiduría es Dios

Conectarnos con nuestra sabiduría es aproximarnos a Dios. La esencia de Dios es tan grande que se puede estar rodeado de caos y se siente su presencia. Dios está dentro de ti, esa conexión es la luz. Eso la gente lo ve y se nota. Los que están conectados de esta forma son los que llegan a ser los grandes líderes y pioneros del mundo.

Hay gente que se limita a una sola cosa, como su trabajo, y cuando la sacan de ahí se le cae todo lo que creía tener muy bien establecido. La sabiduría no tiene que ver con lo que hayas estudiado, porque todo lo que has hecho sirve para algo, aunque sólo sea el haber conocido a una persona.

Recomiendo que, en paralelo a lo que hagamos y estudiemos, focalicemos nuestros niveles místicos. Realizar tu propio trabajo de crecimiento personal te ayudará a entender muchas cosas de tu propia vida.

Porque cuando uno llega a hacer lo que le apasiona se rompe el tiempo del día a día. Ahí se le exprime el jugo a la vida. Eso también lo habló Osho respecto a "la intensidad", nivel en el que se rompen las barreras. Aquí se puede entender cómo crearon sus obras los grandes pioneros de la humanidad, como Leonardo da Vinci, Beethoven, Gaudí y Buda, entre muchos otros.

Todos los hombres somos una partícula de Dios que cuando se amplía hace explosión. Sentir a Dios es vivir a plenitud. Es ser sabio aceptar nuestros dones y aceptarnos nos acerca a palpar su esencia, es valorar la vida y estar en perfecto orden con todo el Universo.

Realizar tu propio trabajo de crecimiento personal te ayudará a entender muchas cosas de tu propia vida.

Encuentra al maestro interior

Muchas de las antiguas religiones con filosofías basadas en la compasión, el amor y la paz se enfocan en dos premisas básicas: la meditación constante y la respiración adecuada. Una de ellas es el budismo que, en todas sus vertientes —hinduista, tibetano o chino—, aboga por la oración en silencio para la concentración de la mente, aunada a la respiración profunda y relajada. Los llamados mantras o mamtrams representan, junto con la meditación, sagradas oraciones a favor de la paz interior y exterior, como lo vimos en el nivel cinco del bienestar. En el budismo tibetano existe el hermoso OM MANI PADME HUM, al que siempre honramos con respeto para encontrar la compasión y el amor promulgados por la Divinidad de Buda. Para conectar tu sabiduría interior te invito a realizar la siguiente meditación:

1. Siéntate cómodo, con la espalda recta. Visualiza la deidad de tu preferencia o, en su lugar, una esfera de luz blanca que representará la compasión universal. Imagínala sobre la coronilla o también frente a ti, a la altura de las cejas, a una distancia de un metro y medio.
2. Recita el mantra de la compasión OM MANI PADME HUM 108 veces, tras una respiración profunda desde el abdomen. Comenzarás a derrotar esa lucha interna. Concientízalo ahora.

3. Profundiza en el silencio dentro de ti, ve cómo de la esfera salen innumerables rayos de luz que penetran por la coronilla, llenando todo tu cuerpo de gozo.
4. Al final, ve cómo las esferas de luz penetran por la coronilla, cómo son absorbidas por el corazón, recibiendo así todas las bendiciones de Buda.
5. Recitándolo y enviando tu energía con las palmas de tus manos a tu calle, comunidad y país, lograrás enviar amor y bienestar a quienes te rodean.
6. Se dice que con el mantra de la compasión nunca se cae enfermo; además, se obtiene riqueza y éxito en los negocios porque no habrá quien te pueda dañar. Sus efectos disminuirán tu karma.

El noreste: la sabiduría que te llevará al éxito

Antes de continuar, responde:

¿Quiénes han sido mis maestros? ¿Cómo me conecto con la sabiduría universal?

____

____

____

____

____

____

¿Reconozco que he aprendido lo suficiente en mi área para tener éxito?

___

___

___

___

¿Quieres realizar alguna especialidad en tu carrera o algún curso? ¿Qué estás haciendo para llevar eso a cabo?

___

___

___

___

Revisa cuál es el estado de la educación y la adquisición de conocimiento en tu casa. ¿Existe algún estudio que has abandonado por alguna circunstancia? ¿Podrías finalizarlo ahora?

___

___

___

___

¿En cuál de mis conocimientos puedo ser ya un maestro para otros?

___

___

___

9

ÉXITO

Es maravilloso y celebro contigo el llegar a este esperado noveno nivel. Has entendido cómo se manifiesta el milagro en este viaje de vida sin excusas, simplemente ejecutándolo, el todo tiene un para qué, por qué y cuándo. Comprenderás que para llegar a la palabra éxito se requirió de un tiempo perfecto de Dios, tú te permitiste crear un plan, accionar, evolucionar, crecer y agradecer, para ahora sí recibir y dejarle un legado al planeta. Sientes ahora la energía del merecimiento; todo llega cuando se está preparado. En numerología el dígito 9 refleja la elevación de la trinidad: tres veces tres, es nueve. Además, en ella se manifiesta una de las más perfectas singularidades del Universo: al sumarse con otro número, el resultado es un múltiplo de nueve; por ejemplo: nueve por dos, es igual a dieciocho.

Al sumar uno más ocho se obtiene el nueve. Ésta es una de las realidades matemáticas que reflejan la sincronía perfecta del Universo. Es tan perfecto que es siempre visto como algo mágico, divino o milagroso.

Esta perfección matemática nos la entrega la numerología, y aunque pareciera una coincidencia numérica todo se canaliza de lleno en un solo número. Así son nuestros sueños: aunque tomemos diversos caminos para llegar a ellos, el Universo siempre conspirará para que los alcancemos.

Al recapitular un poco, este libro comenzó explicando que la base para construir cualquier proyecto es saber lo que quieres, y luego inició un recorrido por las diferentes facetas de la vida. Algo muy importante que pretendo resaltar es que el hecho de que hayas escogido y proseguido esta lectura demuestra que tienes la disposición de construir tu misión de vida, conseguir tu pareja ideal, tener excelentes relaciones con tu familia; es decir, alcanzar el éxito en todos los ámbitos de la existencia.

Así son nuestros sueños: aunque tomemos diversos caminos para llegar a ellos, el Universo siempre conspirará para que los alcancemos.

Ahora bien, recordemos la frase de Camilo Cruz: "El éxito es construir progresivamente tu sueño". Lo que quiere decir que desde el momento en el que comenzaste a leer y a pensar de qué manera podías aplicar estos conocimientos en tu vida, ya estás siendo exitoso, y eso es lo que más vale. Mucha gente se pasa la vida persiguiendo con ansias el éxito sin disfrutar todo el proceso del recorrido. El momento en que se inicia el sueño tiene un gran valor, porque cuando esto se toma en cuenta se está honrando a la vida y todo ser exitoso es muy agradecido.

Es cierto que se han escrito innumerables libros acerca del éxito, con títulos como *Los 10 pasos para alcanzarlo*, *Las leyes que lo rigen*, *Las claves del éxito*, entre otros. Todos son perfectos, porque cada uno cumple con un objetivo. Particularmente, la perspectiva que te ofrezco con esta obra es que alcances tu éxito integral (en todas las formas: emocional, sentimental, material, espiritual), pues lo importante es que te sientas en armonía plena. Te invito a que te concentres en él, porque ése es el auténtico éxito, el que consiste en la evolución global, que no es más que disfrutar la esencia: la sonrisa de un niño, el viento, la mirada de un anciano en tu propia alma reflejando tu sentir por la vida.

La clave del éxito es SER

Muchos de nosotros esperamos la aprobación y el reconocimiento externo, pero el punto de partida somos nosotros mismos. En este nivel el gran logro es llegar a sentir la iluminación interna que te permitirá vislumbrar todo lo que has disfrutado en el viaje a lo largo de todas las etapas.

El gran disfrute de la vida consiste en decidir, lo que implica acertar y fallar. La palabra éxito lo encierra todo: lo bueno y lo malo. Pero lo que sí debo recordarte, una vez más, es que lo esencial es estar conectado con tu misión de vida, eso debe estar por encima de todo lo que te rodea. Siempre recuerda que para construir algo se requiere de un plan y para este momento ya lo debes tener, tal y como te mencioné al inicio del libro.

La arquitectura me enseñó muchas cosas, porque es un gran indicativo de evolución en la humanidad. Un maestro que tuve en la universidad repetía que se podía observar el éxito de una nación a través de su arquitectura, cuando ésta cuenta con una arquitectura imponente y su diseño denota la evolución de la sociedad que la creó. Ahí está su entrega, ahí se muestra su poder de trascendencia.

El mensaje que te quiero dar es que observes la arquitectura de tu vida. Piensa en lo que has construido hasta este momento, ¿te gustan tus obras?, ¿tienen cimientos? Recuerda que lo que tiene buenas bases nunca desaparece. La muestra es cómo aún se visitan las ruinas de las grandes civilizaciones de la humanidad, como las pirámides de Egipto.

El arqueólogo rescata los significados de estas construcciones. Yo te invito a que seas tu propio arqueólogo y busques esos resultados que te dejaron tus acciones, las señales, las lecciones. Que pases la escobilla alrededor de tu alma, para así toparte con tus más valiosos aprendizajes y la forma en cómo ellos te transformaron.

Cuando las personas se permiten mostrar sus obras con honra llegan a un nivel superior. Siempre repito que se debe estimar al máximo todo lo que se ha hecho en la vida: desde un título académico, un escrito, una medalla deportiva, una ruptura con una pareja, es decir, cualquier acción que haya sido importante en su momento y que te haya traído felicidad o tristeza. Porque, por ejemplo, un título universitario no es sólo el día de la graduación cuando brindaste feliz, son también los desvelos que pasaste estudiando, las risas o las lágrimas que compartiste con ciertos compañeros. Todo eso forma parte de tu ser y recuerda que SER es la clave del éxito.

Soy Equilibrio en Realización (SER)

El equilibrio habla del yin y el yang, de la comunión armónica entre lo material y lo espiritual, entre lo bueno y lo malo. La realización es cuando eres capaz de armar y concretar lo que quieres ser. "Soy Equilibrio en Realización" es darte cuenta de que lo que has logrado una vez lo puedes hacer las veces que quieras. Es contactar esa partícula de Dios que todos tenemos, la cual se puede activar de múltiples formas, incluso a partir de una situación negativa. Como ocurre cuando ese artista siente un gran empuje tras su primer rechazo, o luego de vivir una experiencia que nos haya contactado con nuestra vocación.

Para alcanzar este nivel de evolución del ser, es esencial sentir reconocimiento por lo que eres, que no es más que sentirte agradecido y alegre por tu esencia sin tener que demostrar nada a nadie. Cuando esto ocurre te muestras tal cual como eres, porque el éxito también está relacionado con ser auténtico. Las personas más exitosas de la historia simplemente fueron auténticas.

> El Universo se da cuenta cuando no tienes máscaras y te apoya por el simple hecho de ser tú mismo.

Hay una gran resonancia en ti cuando sabes que no tienes que aparentar ser lo que no eres. Una demostración de esto es que muchas personas humildes llegan muy lejos y la gente más refinada se pregunta: ¿cómo pudo llegar tan lejos? La explicación se encuentra en que esa persona dejó de etiquetarse. Lo ideal es ser uno mismo. Se esté frente a quien se esté, ya sea un gran empresario o una persona muy humilde. El Universo se da cuenta cuando no tienes máscaras y te apoya por el simple hecho de ser tú mismo.

La trascendencia

Cuando trasciendes dejas un legado en este mundo para la eternidad y eso es un nivel superior de éxito. Piensa en los grandes seres de la historia, aún hoy y en el futuro muchos aprenderemos de su legado.

La trascendencia en su máxima expresión fue desarrollada por las grandes civilizaciones de la humanidad. Por ejemplo, hoy en día hablamos de los faraones egipcios como si aún nos acompañaran. De hecho, cuando se visitan sus pirámides se puede sentir su presencia, porque ellos trascendieron en el tiempo, al igual que la cultura imperial china, la filosofía griega, la romana, la azteca y la inca, entre otras.

Muchos pueden pensar que sólo trascenderán si alcanzan grandes logros, como placas o premios, pero trascender también es enseñar lo que aprendemos. Por ejemplo, cuando se escucha a un nieto diciendo una frase como: "Siempre recuerdo lo que me enseñó mi abuelo", ese hombre trascendió. Es muy positivo cuando se tiene un modelo de personaje que nos inspire. No es que busques superarlo ni igualarlo. La idea es que te sirva como modelo de inspiración y de honra.

No tenemos que sentir miedo a la muerte. Sin embargo, si se hace un estudio estadístico, es muy probable encontrar que más de 96% de la población teme fallecer. Cuando las personas pasan por situaciones en donde están cerca de la muerte o cuando se enteran de que les resta poco tiempo de vida, es cuando experimentan una especie de renacimiento y deciden hacer lo que no han hecho durante toda la vida. Pero no se puede esperar un ultimátum para hacer lo que se quiere. Mi invitación es a que cierres los ojos y pienses qué estarías haciendo si éste fuera el último día de tu vida. Luego abre los ojos y corre a hacerlo sin pensarlo más.

Recuerda que la muerte no es sólo algo físico, también cuando se pasa por situaciones de dolor, separación, de divorcio, la culminación de un empleo o de un negocio, se viven especies de muertes, porque son cierres de ciclos, en donde el objetivo es que te des la oportunidad de construir tu gran sueño. Todos son procesos que atravesamos. Ya llegamos a las últimas líneas en donde ahora tú tienes el poder, la responsabilidad de abrir los ojos y ver la vida que a partir de ahora construirás, peldaño por peldaño, creando una majestuosa estructura en cuya cúspide nos encontraremos.

En la página 275 encontrarás una reflexión que un día alguien muy especial me obsequió en un escrito que me sirvió para consolidar mi propósito de vida.

Fluir con la brisa que remonta la montaña

Sin pesos, sin estándares, sin esperas, el éxito nos llama al desapego. Nos indica que, si queremos lograr un objetivo en la vida, debemos renunciar al apego. Esto no significa abandonar la intención ni el deseo de alcanzar las metas, sino abandonar el interés por el resultado. Tan pronto como renunciamos a saber el resultado y damos todo lo que nuestra alma tiene para dar, conseguimos lo que deseamos.

Podemos alcanzar cualquier cosa que deseemos a través del desapego, porque éste se basa en la confianza que tenemos en nuestro poder interior. En cambio, el apego se apoya en el temor y la inseguridad. Para el budismo, estar dominado por los apegos (a cosas materiales e incluso a personas) es fuente de sufrimiento. Según las antiguas tradiciones, la solución de todo este dilema reside en la inseguridad o la incertidumbre. Esto significa que la búsqueda de seguridad y de certeza es, en realidad, un apego a lo conocido y por lo tanto al pasado.

> Cuando hay apego, la intención queda atrapada en una forma de pensar rígida.

Cuando vivimos en la incertidumbre, vivimos en lo desconocido, que es el campo donde se experimentan nuevas posibilidades. Sin la incertidumbre y sin lo desconocido, la vida es sólo una repetición de recuerdos gastados. Nos convertimos en víctimas del pasado. Renunciemos a nuestro apego a lo conocido y adentrémonos en lo desconocido. Así, en cada momento de nuestra vida habrá emoción, aventura, misterio; experimentaremos la alegría de vivir: la magia, la celebración, el júbilo y el regocijo de nuestro propio espíritu.

Cuando hay apego, la intención queda atrapada en una forma de pensar rígida. Se pierden la fluidez, la creatividad y la espontaneidad inherentes al campo de todas las posibilidades. Congelamos nuestro deseo, lo alejamos de esa fluidez y esa flexibilidad infinitas, encerrándolo dentro de un rígido marco que obstaculiza el proceso total de la creación.

Infinitas posibilidades

El desapego no limita la fijación de metas. Siempre tenemos una meta y el propósito de avanzar en una determinada dirección; sin embargo, entre la acción y la meta en sí misma hay un número infinito de posibilidades, y si la incertidumbre está presente, podremos cambiar de dirección en cualquier momento, en especial si encontramos un ideal superior o algo más emocionante. El proceso total de la evolución se acelera cuando está presente lo desconocido. Cuando la entendemos, no nos sentimos obligados a forzar las soluciones de los problemas. Si las forzamos, sólo creamos nuevos problemas. Pero si fijamos nuestra atención en la incertidumbre y la observamos mientras esperamos con ansias a que la solución surja de entre el caos y la confusión, aparecerá algo fabuloso y emocionante.

Miramos la falta de lo que queremos, en lugar de mirar con confianza lo que deseamos. Nunca mires lo que no quieres vivir. Practicamos el desapego apartándonos de la realidad limitada, enfocándonos en la visión de nuestros deseos, permitiéndoles que se concreten.

La esencia del éxito

A veces creemos que el éxito está
en la fama y la fortuna.
No es así.
El éxito está en las manos de quien
vive feliz,
de quien ha amado y reído mucho,
y ha logrado merecer el respeto
de grandes y pequeños.
El éxito es de quien ha hecho
del mundo un lugar mejor
que el que encontró al llegar a él.
La persona de éxito
es la que siempre ha respetado
a los hombres y a la naturaleza
y ha sabido ver lo bueno
en todo y en todos.
Tener éxito es ser capaz
de dar lo mejor de uno mismo.

FENG SHUI CONECTA LA LLAMA DE TU ÉXITO COORDENADA SUR

En el sur conectamos el éxito. Ahí se activa la energía del elemento fuego y del Sol. Cuando deseas ubicar esta fuerza en tus espacios debes aprovechar los colores yang: rojo y naranja. Las formas son las triangulares. Para activar plenamente esta energía en el sur de tu sala u hogar ubica lo siguiente:

- Fotografía de éxito (momento de una graduación, premiación, evento importante o celebración) en un marco de madera.
- Planta con flores o arreglo floral con colores yang: rojas, anaranjadas, amarillas, fucsias.
- Representación pequeña de algo que quieras alcanzar.
- Premios, trofeos o condecoraciones.
- Velas en múltiplos de tres; puedes colocar hasta nueve velas según el tamaño de tu espacio.
- Las lámparas de preferencia siempre deberían estar encendidas en esta zona.
- Imágenes de animales que consagren el éxito, ejemplo: el águila con las alas extendidas, caballos corriendo o el Ave Fénix.

En la fotografía que sitúes debes estar feliz, en un lugar espectacular. En esta foto no debes lucir con una pose rígida, sino todo lo contrario. Abre tus brazos, demuestra con tu cuerpo lo muy expansivo que puedes ser, colócala en el sur de tu sala. Cuando hago consultas de Feng Shui en las casas de mis clientes, pocas veces me encuentro con fotos de ellos alegres. Me alegra saber que luego de que aplican esta recomendación, se sienten mejor y celebran el milagro de la vida.

La simbología del fuego

El elemento que se relaciona con el éxito es el fuego. Cuando se trabaja el éxito se ve en conjunto toda la fogata, porque hacen falta todos los elementos, y tan importante es la chispa como la llama y el material para prenderla. Lo esencial es que siempre tengas el deseo de soñar, porque los sueños nos mantienen vivos. Los soñadores son los más felices. Aquel que piensa que ya llegó a donde quería llegar, se muere, porque la muerte no es sólo física. Hay muchos muertos en vida.

Todo aquello que te has permitido sanar en tu interior es lo que ha encendido la iluminación en ti, y permite que se encienda el fuego de tu alma. Habrá personas que para encender de forma metafórica su llama tendrán internamente dos cerillas de fósforo, otros un yesquero y otros un rayo láser. El fuego no se le niega a nadie. Cuando una persona aprende a encender su propio fuego, puede ayudar a otras enseñándoles cómo activar su propia llama.

El Sol en tu hogar

Las representaciones del Sol dentro de nuestro hogar nos conectan con la energía yang en su máximo potencial. Juegan un papel muy importante para la activación de nuestros ideales por Feng Shui. Ubícalas en la pared sur de tu sala o comedor para conectar éxito y el reconocimiento familiar. El Sol es la expresión fundamental de nuestra personalidad visible y escondida, el soporte de nuestra conciencia, voluntad e ideales. El que nos procura la habilidad para afirmarnos y distinguirnos. En el ámbito de la astrología es fundamental, ya que su posición determina la fuerza de nuestra carta astral, y por medio de ella, la nobleza y la generosidad del corazón, el amor y la lealtad.

Puntos clave para mantener encendida la llama de tu éxito

1. Cree en ti mismo, sin importar lo que digan. A partir de este momento tienes que comenzar a darte amor a ti mismo. Deja de fundamentar tu autoestima en la opinión que tengan las demás personas. Si te conoces y te aceptas crearás una nueva energía que movilizará tu vida y los proyectos que quieres lograr. No te enganches en lo que los demás opinen sobre ti. Recuerda, eres tú el que decide, se acepta y se reconoce como en realidad es.

2. Aprende de tu pasado, sana y déjalo atrás. Aprende a sacar lo mejor de las situaciones difíciles y seguir adelante. Todo el mundo en su tránsito por la vida se enfrenta a situaciones complejas. No te quedes anclado a una frustración o una energía que pudo haber sido muy dolorosa dentro de tu experiencia y que puede estarte generando límites o programándote en negativo. Date la oportunidad de sanar y ser libre.
3. Busca nuevos sueños y hazlos realidad. Date un momento en tu vida para hacer un plan de acción. ¡Muévete! Da los pasos necesarios para llegar a donde quieres ir. No te quedes sólo en el soñar despierto, pues esto simplemente te llenará de frustración. Describe tu propio mapa de dirección y coloca las metas a corto, largo y mediano plazo que te van a llevar a la construcción de tu proyecto. Así vas a conquistar pequeños logros que te mantendrán en el entusiasmo necesario. Que el sueño te inspire y la planificación te concrete.
4. Decide rápido, con instinto y experiencia. Darles vueltas a las cosas una y otra vez te va a retrasar tu proceso de vida. Incluso va a confundir tu pensamiento. Si le haces caso al instinto, a ese sexto sentido, siempre te va a llevar a lo que te hace bien. Cuando conectas toda tu fuerza interior con la energía del Universo, todo en obra y gracia divina te será otorgado. Todo paso que estés dando

tiene que darte paz y armonía interna; éste es el verdadero éxito. Cada roca que coloques en la construcción de tu sueño debe hacerte sentir en equilibrio. Ésa es la clave para conocer si es correcto o no. Evita escuchar a la tribu o a tu ego, no trates de complacer o buscar que los demás te aprueben. Eres tú, tu deseo y decisión lo que importa.

5. Prueba cosas nuevas, cosas distintas. Las nuevas circunstancias y experiencias pueden hacerte descubrir un mundo diferente. Ábrete a conocerte en ambientes diferentes a tu zona de confort, atrévete a equivocarte, a buscar maneras de reinventarte. Es lógico que lo desconocido te produzca temor, por eso te invito a que tomes en cuenta a tu maestro interno. Desde la conexión que tengas con esa energía en tu interior es que lograrás la apertura a lo desconocido. Mientras más fuerte sea ese vínculo mejor te sentirás y mejores resultados obtendrás. Ve a nuevos lugares, conoce nuevas personas, realiza acciones que te ayuden a salir de la monotonía.
6. Evoluciona constantemente el karma. Ésta es una de las leyes más poderosas que dominan la existencia. Toda acción genera una reacción. Todo lo que siembres, cosechas. Tienes que tomar en cuenta esto para tus proyectos, pues mientras más beneficios otorgues a otras personas mejor te va a ir. Si estás buscando ganar desde la

trampa, el dolor a otros, o desde la agresividad, esto será lo que coseches. Al contrario, busca conectar desde la alegría, el amor, el servicio y la bondad. Eso te brindará un impulso enorme a través del Universo.

¡Yo soy exitoso!

Declara hoy tu victoria, no te quedes esperando. En este momento debes reconocer que eres un ser de éxito. Para aceptarlo plenamente te invito a escribir una carta reconociendo todos tus dones, toda tu trayectoria, todo lo que eres. En esa carta escribe desde el alma, desde lo que tu corazón te indique. Aleja toda la idea que el conocimiento lógico te va a manifestar, simplemente céntrate en tu emoción, en lo que te haga verdaderamente feliz. Te invito a que te reconozcas, porque ya simplemente el nacer te ha hecho uno en un millón, un ganador. Tu recorrido es único y por eso debes reconocerte y empoderarte de él.

Escribe en la carta: *Yo [coloca tu nombre] soy un ser de éxito.* Desde esa conexión libera tu corazón para que te reconozcas en amor hacia ti mismo. Mientras haces esto puedes encender una vela blanca para que el fuego ayude a tu conexión con la energía del Universo.

Coloca esa carta en la coordenada sur, junto a una foto tuya feliz con los brazos abiertos. Además, puedes ubicar ahí el símbolo del Ave Fénix para que desde su fuerza renazcas como el ser milagroso que Dios creó.

El sur: la trascendencia del milagro

Antes de continuar, responde:

¿Qué es el éxito para ti? ¿Trascender es importante para ti?

¿Cuál es el legado que estás construyendo? ¿Te parece agradable, estás satisfecho con éste?

Enumera los éxitos que son los pilares de tu prosperidad actual.

¿Cómo te ves ante el mundo? ¿Inviertes en tu nombre según lo que representa tu trabajo?

¿Te promocionas en las redes sociales con calidad y con detalle? ¿Cómo es tu tarjeta de presentación? ¿Te sientes en crecimiento dentro de tu ambiente laboral?

EPÍLOGO

Eres el milagro

Tu vida cambiará cuando tú cambies, esto no funciona sentándose a esperar que suceda. Es momento de parar, observar estar alerta de forma consciente de todo lo que vayas a decir y accionar. Estarás iniciando un nuevo ciclo al terminar esta lectura. Sé coherente, certero y asume la responsabilidad de tu destino para crear dharmas y no karmas; en tu gran camino de vida todo se paga mediante la ley de causa y efecto.

Cada una de las personas que camina por el mundo viene a cumplir algo especial, lo puedo observar en mi recorrido de vida. Sólo tú eres capaz de reconocer en este instante qué está pasando en tu alma, aquello que sientes, qué te está tocando en cualquiera de los capítulos que leíste, ésa es la clave que descifrará y te llevará al resultado final.

Recuerda que el hacer contacto con uno solo de los niveles es suficiente, automáticamente todos los demás se activarán en ti; como lo dice el tao: "Uno es todo y todo es uno". Reconoce tu sueño, permítete dar el primer paso y verás cómo todo tendrá sentido en tu vida, no dejes pasar este tiempo precioso que fue el que tú escogiste para despertar y regresar de nuevo a casa. Agradece cerrando muy bien tus ciclos.

Desde lo más profundo de mi corazón te agradezco y te honro por haberme dado permiso de acompañarte a construir junto a ti tu sueño, en este nuevo viaje que a partir de hoy emprenderás y en el que yo estaré enviándote la mejor energía.

Gracias por permitirme ser tu maestro de prosperidad.

Bendiciones en tu camino de vida, nos encontraremos pronto…

ALFONSO LEÓN

El milagro de ser próspero de Alfonso León
se terminó de imprimir en agosto de 2019
en los talleres de
Litográfica Ingramex, S.A. de C.V.
Centeno 162-1, Col. Granjas Esmeralda, C.P. 09810
Ciudad de México.